基础会计模拟实训

主　编　仲怀公　周　莎
副主编　倪梦娇　易继红

北京理工大学出版社
BEIJING INSTITUTE OF TECHNOLOGY PRESS

内 容 简 介

《基础会计模拟实训》是会计理论教学的仿真教材,适合在完成《基础会计学》的学习后进行模拟实训时使用。《基础会计模拟实训》可以帮助学生理论联系实际,对会计实务中各种原始凭证和记账凭证的填写、编制,各种账簿的登记,对账和结账,财务报表的编制等一系列基础工作有一个系统、全面的认识,以便巩固所学的会计基本理论和基础知识;熟练掌握会计核算的基本操作方法和技能,为学生进一步学习财务会计和财务管理等知识打下坚实的基础。

本书共分为 5 章,第 1 章为基础会计模拟实训概述,第 2 章为实训规范,第 3 章为模拟企业资料,第 4 章为模拟企业经济业务,第 5 章为参考答案。

版权专有　侵权必究

图书在版编目（CIP）数据

基础会计模拟实训 / 仲怀公,周莎主编. —北京:北京理工大学出版社,2019.5（2023.12 重印）

ISBN 978-7-5682-7002-1

Ⅰ. ①基… Ⅱ. ①仲… ②周… Ⅲ. ①会计学-教材 Ⅳ. ①F230

中国版本图书馆 CIP 数据核字（2019）第 082891 号

出版发行 / 北京理工大学出版社有限责任公司
社　　址 / 北京市海淀区中关村南大街 5 号
邮　　编 / 100081
电　　话 / （010）68914775（总编室）
　　　　　 82562903（教材售后服务热线）
　　　　　 68948351（其他图书服务热线）
网　　址 / http://www.bitpress.com.cn
经　　销 / 全国各地新华书店
印　　刷 / 北京虎彩文化传播有限公司
开　　本 / 787 毫米×1092 毫米　1/16
印　　张 / 7
字　　数 / 168 千字
版　　次 / 2019 年 5 月第 1 版　2023 年 12 月第 4 次印刷
定　　价 / 22.00 元

责任编辑 / 潘　昊
文案编辑 / 孟祥雪
责任校对 / 周瑞红
责任印制 / 李志强

图书出现印装质量问题,请拨打售后服务热线,本社负责调换

前言

本教材是基础会计实践性环节的教学用书，目的是使学生巩固所学的会计理论知识并提高实际操作技能。本教材的适用对象为高校财经类专业和其他相关专业学生，以及希望了解并掌握会计实务的工作人员。

本教材具有以下突出特点。

（1）依据新《企业会计准则》撰写。本教材依据新修订的《企业会计准则》《企业会计准则——应用指南》《企业会计准则讲解》等有关规定，呈现了一套完整的模拟会计实务的操作方法。

（2）创新构建了会计实务的新体例。本教材以模拟企业真实会计业务流程为原则，构建了形式独特、新颖且分阶段模拟的会计实务新方法，打破了传统方法的束缚。以往学生在做完一套账后，只是对手忙脚乱的手工操作有印象，而对会计实务流程印象模糊，对各项具体技能掌握不牢。本教材旨在使学生通过系统、分阶段的练习，达到对企业会计实务每项工作"拿来上手，看来上心"的目的。

（3）经济业务全面、典型、实用。本教材以制造业企业为例，设计了该企业12月50笔典型业务，涵盖了一般企业主要的日常经济业务，并且分会计实务操作阶段设计，具有典型性和实用性。

通过本教材的各项实训，要求学生做到：①会填制和审核原始凭证；②会编制记账凭证，能够依据审核无误的原始凭证或原始凭证汇总表编制收、付、转记账凭证，并能根据审核无误的记账凭证编制汇总记账凭证；③会记账，能够依据审核无误的记账凭证及其所附的原始凭证登记库存现金日记账、银行存款日记账和各种明细账，依据审核无误的记账凭证、汇总记账凭证或科目汇总表登记总账，并会对账、进行账项调整、结账、编制科目汇总表，掌握错账的更正方法，学会编制试算平衡表及银行存款余额调节表；④会编制会计报表，能够依据账簿资料编制资产负债表和利润表。

本教材由仲怀公担任第一主编，周莎担任第二主编，倪梦娇、易继红担任副主编。本教材的编写吸收了会计理论的最新成果，参阅和借鉴了同类教材和相关文献，汲取了会计专家的意见和建议，并得到北京理工大学出版社的大力支持，在此一并致以诚挚的谢意。限于作者水平，本教材难免有不妥之处，敬请读者批评指正，以便及时修改。

编　者

目　录

第1章　基础会计模拟实训概述 (1)
1.1　基础会计模拟实训的目的与内容 (1)
1.1.1　基础会计模拟实训的目的 (1)
1.1.2　基础会计模拟实训内容 (2)
1.2　基础会计模拟实训的一般要求与组织 (3)
1.2.1　基础会计模拟实训的一般要求 (3)
1.2.2　基础会计模拟实训的组织 (4)
1.2.3　基础会计模拟实训的考核 (4)

第2章　实训规范 (6)
2.1　书写规范 (6)
2.1.1　阿拉伯数字的书写规范 (6)
2.1.2　汉字大写数字的书写规范 (6)
2.1.3　大小写金额的书写规范 (6)
2.1.4　票据日期的书写规范 (7)
2.2　凭证填制规范 (7)
2.2.1　原始凭证的填制规范 (7)
2.2.2　记账凭证的填制规范 (8)
2.3　账簿与报表规范 (9)
2.3.1　账簿规范 (9)
2.3.2　报表规范 (11)

第3章　模拟企业资料 (13)
3.1　模拟企业概况 (13)
3.1.1　模拟企业基本情况 (13)
3.1.2　模拟企业会计政策及会计核算方法 (13)

3.2 模拟企业期初资料 ··· (14)
   3.2.1 账户期初余额表 ··· (14)
   3.2.2 月初原材料明细账 ··· (17)
   3.2.3 月初库存商品明细账 ·· (17)
   3.2.4 月初在产品成本明细账 ·· (17)

第4章 模拟企业经济业务 ·· (18)
4.1 经济业务说明 ·· (18)
4.2 单据资料 ·· (29)

第5章 参考答案 ·· (81)
5.1 业务题参考答案 ·· (81)
5.2 试算平衡表参考答案 ·· (93)
   5.2.1 期初余额试算平衡表 ·· (93)
   5.2.2 本期发生额试算平衡表 ·· (94)
   5.2.3 期末余额试算平衡表 ·· (96)
5.3 会计报表参考答案 ··· (97)
   5.3.1 资产负债表 ··· (97)
   5.3.2 利润表 ·· (98)

参考文献 ··· (100)

第1章

基础会计模拟实训概述

1.1 基础会计模拟实训的目的与内容

1.1.1 基础会计模拟实训的目的

会计是以货币为主要计量单位，运用一系列专门的方法，对企事业单位的经济活动进行连续、系统、全面、综合的核算和监督，并形成向社会提供会计信息的一种信息处理系统，是经济管理的重要组成部分。基础会计学主要阐述了会计核算的基本理论与基本方法，如复式记账、会计科目、会计凭证、会计账簿、会计报表和账务处理程序等，是财务会计专业的入门课程之一，也是应用型本科经济管理类专业的专业基础课之一，具有很强的实践性、可操作性和规范性。掌握和运用会计基本理论、基本方法和基本技能，是会计专业学生进一步学习会计专业课程的基本要求；对于非会计专业学生完善经济管理方面的知识结构、增强经济管理能力起着重要作用，并为其将来从事会计工作打下坚实的基础。因此，基础会计的实践性教学是必不可少的一个环节。

传统的实践性教学是让学生到基层企业单位，在指导老师的指导下，从事具体的操作。但在市场经济情况下，企业单位的工作处于快节奏的紧张状态，对外来实习的学生往往难以顾及；特别是对会计专业学生的实习，由于会计核算资料具有高度的商业机密性，企业一般都不会放手让学生直接介入实际经济业务，因而实习中"只看不干"的现象普遍存在，导致学生对实习失去兴趣，实际操作能力得不到锻炼，这样的实习效果显然是不够理想的。为了实现应用型本科"培养具有较强实践技能的应用型、复合型人才"的教学目标，培养学生综合运用所学知识与技能解决专业实际业务问题的能力，对学生进行专业综合训练，模拟实训不失为既省又好的教学形式。

基础会计模拟实训是一种理论结合实际，重在培养学生实务操作能力的实践性教学形式。这种形式是在完成基础会计学的教学内容后，组织和指导学生在校内对某一会计主体在某一时期内发生的实际经济业务，按真实的业务要求，完成从审核原始凭证、填制记账凭证、登记会计账簿到编制会计报表等会计核算工作。通过基础会计模拟实训操作，学生可以熟悉和掌握会计的书写基本功；学会编制和审核会计凭证，登记会计账簿，编制会计报表等会计基本技能，锻炼和提高学生的实际工作能力。

1.1.2 基础会计模拟实训内容

为培养学生实际操作能力，改变理论脱离实际的状况，缩小会计理论教学和会计实际工作的差距，提高会计教学质量，基础会计模拟实训应包括以下内容。

1.1.2.1 账户的设置

通过实训，学生可以了解账簿的分类，掌握账簿的启用及账户的开设方法。具体包括账簿启用表的填制；三栏式总账的开设方法及期初余额的登记；三栏式、多栏式、数量金额式明细账的开设方法及期初余额的登记；三栏式现金日记账、银行存款日记账的开设方法及期初余额的登记。

1.1.2.2 填制和审核原始凭证

通过实训，学生可以掌握常见原始凭证的基本内容、填制方法及原始凭证审核的内容和方法。具体包括银行支票（现金支票、转账支票）的填制与使用；银行进账单的填制与使用；收据、借据的填制与使用；差旅费报销单的填制与使用；入库单、出库单的填制与使用；增值税专用发票的填制与使用；银行转账凭证的填制与使用等。同时通过原始凭证的填制，学生可以掌握原始凭证真实性的审核、原始凭证正确性的审核以及原始凭证合法性的审核。

1.1.2.3 记账凭证的填制与审核

通过实训，学生可以掌握复式记账凭证的种类、填制及审核方法。具体包括收款凭证的填制方法；付款凭证的填制方法；转账凭证的填制方法；记账凭证与所附原始凭证一致性的审核；记账凭证项目完整性的审核；记账凭证内容正确性的审核。

1.1.2.4 日记账的登记

通过实训，学生可以了解日记账的种类及特点，掌握日记账的登记方法及要点。具体包括现金日记账的登记方法；银行存款日记账的登记方法。

1.1.2.5 明细账的登记

通过实训，学生可以了解明细账的种类及特点，掌握明细账的登记方法。具体包括三栏式明细账的登记方法；多栏式明细账的登记方法；生产成本明细账的登记方法；增值税明细账的登记方法；数量金额式明细账的登记方法。

1.1.2.6 总账的登记

通过实训，学生可以了解不同账务处理程序及其区别，掌握科目汇总表的形式和编制及总账的登记方法。

1.1.2.7 错账更正

通过实训，学生了解错账的更正方式，掌握不同错账的更正方法。具体包括错账的查找；错账的更正。

1.1.2.8 记账规则、对账与结账

通过实训，学生可以了解登记账簿的基本规则，掌握对账的内容和方法、结账时间及方法。具体包括对账的内容与方法；结账的时间及要求；结账的内容与方法；跨年度余额的结转。

1.1.2.9 银行存款余额调节表的编制

通过实训，学生可以了解银行存款清查的目的，掌握未达账项查找、分类及银行存款余额调节表的编制方法。

1.1.2.10 财务报表的编制

通过实训，学生可以掌握资产负债表、利润表编制的基本方法。

1.1.2.11 会计资料的归档

通过实训，学生掌握会计资料的归档方法和会计档案的管理规定。具体包括记账凭证的装订、会计账簿的装订、会计报表的装订。

1.1.2.12 实训总结

在实训结束时，要求学生提交实训总结。该总结包括本人参加会计模拟实训的体会和感受；对会计模拟实训教学的意见和建议。这样既有助于使感性认识进一步上升为理性认识，实现从理论到实践、再从实践到理论的循环，提高学生分析问题和解决问题的能力；又可以反馈实训教学中的不足，从而进一步提高实训教学的质量。

1.2 基础会计模拟实训的一般要求与组织

1.2.1 基础会计模拟实训的一般要求

1.2.1.1 对实训指导教师的要求

基础会计模拟实训是培养和提高学生专业技能的关键环节，在这一环节中，实训指导教师是传授会计专业技能、进行会计职业道德教育、完成会计专业技能训练计划的主要力量，对培养企业的高等技术应用型人才负有重要职责。这就要求实训指导教师必须具有扎实的会计专业理论和丰富的会计实践经验，熟悉会计法律法规、税法以及相关的企业管理知识。因此，实训指导教师应由责任心强的"双师型"教师担任。

指导教师要认真负责，对每次实训要做到有计划、有控制、有指导、有讲评、有成绩。在实训过程中，指导教师必须在场，不得离开教室或实训室，对整个实训过程要做具体指导，随时解决学生在实训过程中遇到的问题，保证实训有条不紊地进行，学生顺利完成实训任务。

1.2.1.2 对学生的要求

基础会计模拟实训主要是基本技能的训练，学生是进行会计技能训练的主体，学生在进行会计模拟实训时，应以一个会计人员的身份参与其中。学生进行实训的态度要端正，目的要明确，作风要踏实，操作要认真；实训前应全面复习所学教材内容，掌握会计学基础理论知识；操作过程要符合会计基础工作规范，账务处理要符合会计核算原理，会计凭证、会计账簿、会计报表项目的填制要准确、完整，文字、数字书写要清晰、工整、规范。操作出现错误，必须按规定方法进行更正；实训过程中要遵守实训室规则、保持实训室的清洁和卫生，独立思考，按指导教师的要求和进度，按时完成实训内容；实训结束时应对会计凭证、会计账簿、会计报表等会计资料，及时整理、装订成册，归档保管并撰写实训报告，总结实训心得和体会，提出实训中存在的问题。

1.2.2 基础会计模拟实训的组织

各学校根据教学条件，可以建立会计模拟实训室，也就是建立模拟财务处（科），并设置不同的会计岗位，如出纳、销售核算会计、材料会计、工资会计、固定资产会计、往来账会计、成本核算会计和总账会计等。实训时对学生进行分组，小组中的每个学生，按岗位责任制完成一个企业一定时期内的会计核算全过程。实训过程中应对各个会计岗位进行轮换，让学生轮流履行不同的会计职责，使学生熟悉各个会计岗位的工作。实训室内陈设应尽可能仿真，配备必备的办公用品，如计算器、会计科目章、印盒、会计用笔、墨水、大头针、回形针、直尺、票夹、装订机、针线等，以及会计凭证、会计账簿、会计报表样本。同时，在墙壁上张贴一些业务流程图和岗位职责要求等，使学生有"身临其境"的真实感，从而有助于增强学生的感性认识，提高实训效果。如果采用这种组织方式，则应在学生学习完《基础会计学》全部内容后，集中两周时间进行基础会计的模拟实训。

当然，如果条件不允许，也可以将会计模拟实训安排在教室进行，让每个学生独立完成一个企业一定时期的会计核算全过程，履行所有会计岗位的职责。采用这种组织方式，既可以在学生学习完基础会计学全部内容后，集中两周时间进行基础会计的模拟实训，也可以在学习完基础会计学相关章节后，分别进行基础会计的模拟实训。

1.2.3 基础会计模拟实训的考核

实训结束后应依照实训步骤，结合会计实训操作的具体特点，对学生实训成绩进行严格考核，进行全面、客观的评价。考核应从实训态度、实训方法与基本操作技能的掌握情况、实训报告三方面进行综合评定。

实训态度应从出勤情况、实训完成的独立性和及时性等方面进行考核评定。

实训方法与基本操作技能的掌握情况应从会计凭证、会计账簿、会计报表、会计资料归档等方面进行考核评定。会计凭证方面主要考核会计凭证内容是否完整、科目运用是否正确、摘要是否简明确切、凭证编号是否规范、书写是否清楚等；会计账簿方面主要考核账户设置是否正确、记账方法是否规范、结账是否正确、账簿整体是否美观等；会计报表方面主要考核项目填写是否完整、计算是否正确；会计资料归档方面主要考核会计凭证装订是否整齐和规范、会计账簿启用表填写是否符合要求、账簿页码是否连续等。

实训报告应从格式的规范性、文字的工整性、内容的实质性、观点的新颖性等方面进行考核评定。

第 2 章

实训规范

2.1 书写规范

2.1.1 阿拉伯数字的书写规范

阿拉伯数字应当一个一个地写，不得连笔写。数字的字体要各自成形，字迹工整、清晰，大小均匀，排列整齐。数字的位置要适当，同行的相邻数字之间要空出半个阿拉伯数字的位置，每个数字要紧靠凭证或账表行格的底线书写，字体高度不要超过行格高度的1/2，以便为改错留有余地。数字字体要有一定的倾斜度，一般向右倾斜60度为宜。此外，6、8、9、0等带有圆圈的数字，圆圈必须封口；"6"要比一般数字向右上方高出1/4，"7"和"9"要向左下方（过底线）超出1/4。

2.1.2 汉字大写数字的书写规范

汉字大写数字如零、壹、贰、叁、肆、伍、陆、柒、捌、玖、拾、佰、仟、万、亿等，一律用正楷或者行书体书写，不得连笔写，不得用0、一、二、三、四、五、六、七、八、九、十等简化字代替，不得任意自造简化字。字体要各自成形，大小匀称，排列整齐，字迹要工整、清晰。

2.1.3 大小写金额的书写规范

阿拉伯金额数字前面应当书写货币币种符号或者货币名称简写和币种符号，如人民币符号"￥"。币种符号与阿拉伯金额数字之间不得留有空白。凡阿拉伯数字前写有币种符号的，数字后面不再写货币单位。所有以元为单位（其他货币种类为货币基本单位，下同）的阿拉伯数字，除表示单价等情况外，一律填写到角分；无角分的，角位和分位可写"00"，或者符号"—"；有角无分的，分位应当写"0"，不得用符号"—"代替；只有分位金额的，在元和角位上各写一个"0"，并在元与角之间写一个小数点，如"￥0.08"；元以上每三位要空出半个阿拉伯数字的位置书写，如"￥1 432 057.63"，也可以以三位一节用"分位号"分开，如"￥1,432,057.63"。

如果凭证账表上有数位分割线，则应在对应的数位填写，不得错位。只有分位金额的，在元和角位上均不得写"0"；同样，只有角位或分位金额的，在元位上也不得写"0"；分位是"0"的，在分位上必须写"0"，角、分位都是"0"的，在角、分位上各写一个"0"，不得用符号"—"代替。

大写金额数字前未印有货币名称的，应当加填货币名称，货币名称与金额数字之间不得留有空白。大写金额数字到元为止的，在"元"字之后必须写"整"字或者"正"字；大写金额数字到角为止的，在"角"字之后可以写"整"字或者"正"字，也可以不写；大写金额数字有分的，分字后面不写"整"字或者"正"字。阿拉伯金额数字中间有"0"时，汉字大写金额要写"零"字；阿拉伯金额数字中间连续有几个"0"时，大写金额中可以只写一个"零"字；阿拉伯金额数字元位是"0"，或者数字中间连续有几个"0"、元位也是0"但角位不是"0"时，汉字大写金额可以只写一个"零"字，也可以不写"零"字。阿拉伯金额数字最高是"1"的，大写金额加写"壹"字，如"￥14.80"的大写金额为"人民币壹拾肆元捌角整"，又如"￥1 680.32"的大写金额为"人民币壹仟陆佰捌拾元零叁角贰分"或"人民币壹仟陆佰捌拾元叁角贰分"。在印有大写金额万、仟、佰、拾、元、角、分位置的凭证上书写大写金额时，金额前面如有空位，可划"×"注销，阿拉伯数字金额中间有几个"0"（含分位），汉字大写金额就写几个"零"字。例如，将"￥200.50"填入印有大写金额的凭证中时，其大写金额的写法为"人民币×万×仟贰佰零拾零元伍角零分"。

2.1.4 票据日期的书写规范

票据的出票日期必须使用中文大写填写。在填写月、日时：月为壹、贰和壹拾的，日为壹至玖和壹拾、贰拾、叁拾的，应在其前加"零"；日为拾壹至拾玖的，应在其前加"壹"。如"2月13日"，应写为"零贰月壹拾叁日"；"10月10日"，应写为"零壹拾月零壹拾日"。票据的出票日期使用小写的，银行不予受理；大写日期未按要求规范填写的，银行可予受理，但由此造成损失的，由出票人自行承担。

2.2 凭证填制规范

2.2.1 原始凭证的填制规范

原始凭证应具备凭证的名称、填制凭证的日期、填制凭证单位名称或者填制人姓名、经办人员的签名或者盖章、接收凭证单位名称、经济业务内容、数量、单价和金额等内容。

填制原始凭证时除需要复写的可以使用圆珠笔外，一般应用蓝黑墨水书写，但支票要用碳素墨水或签字笔填写且字迹清晰、工整。

从外单位取得的原始凭证，必须盖有填制单位的公章；从个人处取得的原始凭证，必须有填制人员的签名或者盖章；自制原始凭证必须有经办单位领导人或者其指定人员的签名或者盖章；对外开出的原始凭证，必须加盖本单位公章。

凡填有大写和小写金额的原始凭证，大写与小写金额必须相符。

购买实物的原始凭证，必须有验收证明；支付款项的原始凭证，必须有收款单位和收款人的收款证明。

一式几联的原始凭证，应当注明各联的用途，只能以一联作为报销凭证；一式几联的发票和收据，必须用双面复写纸（发票和收据本身具备复写纸功能的除外）套写，并连续编号，作废时应当加盖"作废"戳记，连同存根一起保存，不得撕毁。

发生销货退回时，除填制退货发票外，还必须有退货验收证明；退款时，必须取得对方的收款收据或者汇款银行的凭证，不得以退货发票代替收据。

职工因公出差的借款凭据，必须附在记账凭证之后，收回借款时，应当另开收据或者退还借据副本，不得退还原借款收据。

经上级有关部门批准的经济业务，应当将批准文件作为原始凭证附件；如果批准文件需要单独归档，则应在凭证上注明批准机关名称、日期和文件字号。

原始凭证不得涂改、挖补，发现原始凭证有错误时，应当由开出单位重开或者更正，更正处应当加盖开出单位的公章，但如果数字金额错误，则不得更正，一律重新开具。

2.2.2 记账凭证的填制规范

会计机构、会计人员应根据审核无误的原始凭证填制记账凭证。记账凭证可以分为收款凭证、付款凭证和转账凭证，也可以使用通用记账凭证。如果单位的规模比较大、经济业务繁杂且收、付款业务比较多，则可采用专用记账凭证；如果单位的规模比较小、经济业务比较简单且收、付款业务比较少，则可采用通用记账凭证。

记账凭证应具备记账凭证的名称、填制凭证的日期、凭证编号、经济业务摘要、会计科目、金额、所附原始凭证张数、有关人员的签章等内容。以自制的原始凭证或者原始凭证汇总表代替记账凭证的，也必须具备记账凭证应有的项目。

应正确填写记账凭证的日期：付款凭证一般以财会部门付出现金或开出银行付款结算凭证的日期填写；现金收款凭证应当填写收款当日的日期；银行存款收款凭证应按填制收款凭证的日期填写；月末计提、分配费用、成本计算、转账等业务，应当填写当月最后一日的日期。

填制记账凭证时，应当对记账凭证进行连续编号。编号方法可以按经济业务顺序号统一编号，或者分收款业务、付款业务、转账业务三类按顺序编号，还可以分现收业务、银收业务、现付业务、银付业务和转账业务五类按顺序编号。一笔经济业务需要填制两张以上记账凭证的，可以采用分数编号法编号。

记账凭证可以根据每一张原始凭证填制，或者根据若干张同类原始凭证汇总填制，也可以根据原始凭证汇总表填制，但不得将不同内容和类别的原始凭证汇总填制在一张记账凭证上。

除结账和更正错误的记账凭证可以不附原始凭证外，其他记账凭证必须附有原始凭证。原始凭证附件张数一般按自然张数计算，但对于汽车票、火车票等外形较小的原始凭证，可将它们粘贴在"凭证粘贴单"上，并在"凭证粘贴单"上注明所粘贴的张数和金额，作为一张原始凭证对待。

如果一张原始凭证涉及几张记账凭证，则可以把原始凭证附在一张主要的记账凭证后面，并在摘要栏内注明"本凭证附件包括××号记账凭证业务"字样；在其他没有附有原始凭证的记账凭证上注明"原始凭证附在××号记账凭证后面"字样或者附原始凭证复印件。

一张原始凭证所列支出需要几个单位共同负担的，应当按照其他单位负担的部分，向对方开具原始凭证分割单进行结算。原始凭证分割单必须具备原始凭证的基本内容：凭证名称、填制凭证日期、填制凭证单位名称或者填制人姓名、经办人的签名或者盖章、接收凭证单位名称、经济业务内容、数量、单价、金额和费用分摊情况等。

如果在填制记账凭证时发生错误，则应当重新填制。已经登记入账的记账凭证，在当年内发现填写错误时，可以用红字填写一张与原内容相同的记账凭证，在摘要栏注明"注销×月×日×号凭证"字样，同时用蓝字重新填制一张正确的记账凭证，注明"订正×月×日×号凭证"字样。如果记账凭证中的会计科目没有错误，只是金额错误，也可以按照正确数字与错误数字之间的差额，另编一张调整的记账凭证，调增金额用蓝字，调减金额用红字。发现以前年度记账凭证有错误的，应当用蓝字填制一张更正的记账凭证。

记账凭证填制完经济业务事项后，如有空行，应当自金额栏最后一笔金额数字下的空行处至合计数上的空行处划线注销。

记账凭证填制完成后，相关人员应分别制单、签名或盖章。

2.3 账簿与报表规范

2.3.1 账簿规范

2.3.1.1 账簿设置规范

企业设置的账簿主要有日记账、总账和明细账。实际工作中，日记账和总账必须用订本式账簿，而明细账必须用活页式账簿。出于成本的考虑，实训的日记账和总账均不采用订本式账簿，而用活页式账簿，其中现金日记账和银行存款日记账以三栏式账页代替。

实际工作中，设置账户时，无论是总账还是明细账，一张账页只能设置一个账户。同样出于成本的考虑，建议实训中每张账页正反两面可以设置两个不同的账户，但要求总账账页正反两面不同账户的性质相同，明细账账页正反两面不同账户的总账科目应该相同。

2.3.1.2 账簿登记规范

会计人员应当根据审核无误的会计凭证登记会计账簿。登记会计账簿时，应当将会计凭证日期、编号、业务内容摘要、金额和其他有关资料逐项计入账内，做到数字准确、摘要清楚、登记及时、字迹工整。

登记完毕后，要在记账凭证上签名或者盖章，并注明已经登账的符号，表示已经记账。

账簿中书写的文字和数字上面要留有适当空格，不要写满格；一般应占格距的 $\frac{1}{2}$。

登记账簿要用蓝黑墨水或者碳素墨水书写，不得使用圆珠笔（银行需复写的账簿除外）或者铅笔书写。

下列情况，可以用红色墨水记账：按照红字冲账的记账凭证，冲销错误记录；在只开设借方或贷方的多栏式账页中，登记减少数；在三栏式账户的余额栏前，未印明余额方向的，在余额栏内登记负数余额；根据国家统一会计制度的规定可以用红字登记的其他会计记录。

各种账簿应按页次顺序连续登记，不得跳行、隔页。如果发生跳行、隔页，则应将空行、空页划线注销，或者注明"此行空白""此页空白"字样，并由记账人员签名或者盖章。

凡需要结出余额的账户，结出余额后，应当在"借或贷"等栏内写明"借"或者"贷"字样。没有余额的账户，应当在"借或贷"等栏内写明"平"字样，并在余额栏内用"0"表示。现金日记账和银行存款日记账应根据每张记账凭证逐笔登记，每日结出余额。

每一账页登记完毕结转下页时，应当结出本页合计数及余额，写在本页最后一行和下页第一行有关栏内，并在摘要栏内注明"过次页"和"承前页"字样；也可以将本页合计数及金额只写在下页第一行有关栏内，并在摘要栏内注明"承前页"字样。对需要结计本月发生额的账户，结计"过次页"的本页合计数应当为自本月初起至本页末止的发生额合计数；对需要结计本年累计发生额的账户，结计"过次页"的本页合计数应当为自年初起至本页末止的累计数；对既不需要结计本月发生额也不需要结计本年累计发生额的账户，可以只将每页末的余额结转次页。

2.3.1.3 错账更正规范

账簿记录发生错误，不准涂改、挖补、刮擦或者用药水消除字迹，不准重新抄写，必须按照下列方法进行更正。

登记账簿时发生错误，应当将错误的文字或者数字划红线注销，但必须使原有字迹仍可辨认，然后在划线上方填写正确的文字或者数字，并由记账人员在更正处盖章；对于错误的数字，应当全部划红线更正，不得只更正其中的错误部分；对于文字错误，可只划去错误的部分。

由于记账凭证错误而使账簿记录发生错误，可用红字更正法或补充登记法进行更正，然后按更正的记账凭证登记账簿。

2.3.1.4 对账规范

根据《会计基础工作规范》规定，各单位应当定期对会计账簿记录的有关数字与库存实物、货币资金、有价证券、往来单位或者个人等进行相互核对，保证账证相符、账账相符、账实相符。实际工作中，对账工作每年至少进行一次。

账证核对是指核对会计账簿记录与原始凭证、记账凭证的时间、凭证字号、内容、金额是否一致，记账方向是否相符。这种核对通常是在日常核算中进行的，以使错账能及时发现并得到更正。

账账核对是指核对不同会计账簿之间的账簿记录是否相符。账账核对主要包括所有总账账户借方发生额合计与贷方发生额合计是否相符；所有总账账户借方余额合计与贷方余额合计是否相符；某一总账账户的余额与其所属明细账的余额合计是否相符；现金日记账和银行存款日记账的余额与其总账余额是否相符；会计部门有关财产物资明细账与财产物资保管或使用部门的有关明细账是否相符。

账实核对是指核对会计账簿记录与财产等实有数额是否相符。账实核对主要包括现金日记账的余额与现金实际库存数是否相符；银行存款日记账的余额与银行对账单的余额是否相符；各种材料、物资、产品明细账的余额与财产物资实有数额是否相符；各种应收、应付款明细账余额与有关债务、债权单位的账面记录是否相符。

2.3.1.5 结账规范

结账的标志是划线。结账前，必须将本期内所发生的各项经济业务全部登记入账。结账时，应当结出每个账户的期末余额。

对不需要按月结计本期发生额的债权债务明细账、财产物资明细账，每次记账都要随时结出余额，期末在最后一笔经济业务记录行的下一行并紧靠上线划通栏单红线（称为"结账线"）即可。

对现金、银行存款日记账等需要结出当月发生额和余额的账户，除了每次记账都要随时结出余额外，还要在最后一笔经济业务记录行的下一行（月结行）并紧靠上线划通栏单红线（称为"合计线"），并在其行内结出本月发生额和余额，同时在摘要栏内注明"本月合计"字样，再在"月结行"的下一行并紧靠上线划通栏单红线。

对"本年利润""利润分配"等需要结出本年累计发生额的账户，应先在该月最后一笔经济业务记录的下一行（月结行）并紧靠上线划通栏单红线进行月结，然后再在"月结行"的下一行（本年累计行），结出自年初始至本月末止的累计发生额和月末余额，在摘要栏内注明"本年累计"字样，并在本年累计行的下一行紧靠上线划通栏单红线，"本月合计"与"本年累计"之间不再划线。12月末的"本年累计"就是全年累计发生额，全年累计发生额下面应当划通栏双红线。

除采用记账凭证核算形式外，总账平时只需结出月末余额，即只需要在最后一笔经济业务记录之下划通栏单红线，不需要再结计一次余额。年度终了结账时，所有总账账户都应当结出全年发生额和年末余额，在摘要栏内注明"本年合计"字样，并在本年合计行的下一行紧靠上线划通栏双红线。

年度终了，要把各账户的余额结转到下一个会计年度，并在摘要栏注明"结转下年"字样；在下一个会计年度新建有关会计账簿的第一行余额栏内填写上年结转的余额，并在摘要栏注明"上年结转"字样。

2.3.2 报表规范

会计报表应当根据登记完整、核对无误的会计账簿记录和其他有关资料编制，做到数字真实、计算准确、内容完整、说明清楚。任何人不得篡改或者授意、指使、强令他人篡改会计报表的有关数字。

会计报表之间、会计报表各项目之间，凡有对应关系的数字，应当相互一致。本期会计报表与上期会计报表之间有关的数字应当相互衔接。如果不同会计年度会计报表中各项目的内容和核算方法有变更，则应当在年度会计报表中加以说明。

第 3 章

模拟企业资料

3.1 模拟企业概况

3.1.1 模拟企业基本情况

南京博翔实业有限公司，设置有一个基本生产车间，使用甲材料、乙材料、丙材料和丁材料，利用现代科学技术，生产制造 A 产品和 B 产品。材料全部外购，产品市场销路很好。

该企业注册地址：南京市宁海路 521 号；电话：025-63330331；开户银行：中国工商银行城中支行；账号：430200300100211；纳税人登记号：320106221066221。

该企业法人代表：李明；财务负责人：王华；会计：王铁钢；出纳：宋佳；稽核员：李萍；保管员：吴青。

3.1.2 模拟企业会计政策及会计核算方法

南京博翔实业有限公司为一般纳税人，适用的增值税税率为 16%，所得税税率为 25%，城市维护建设税税率为 7%，教育费附加征收率为 3%，地方教育附加征收率为 2%；税后利润按 10% 提取法定盈余公积，按 50% 向投资者分配利润。

购买材料的运杂费按重量标准分配，制造费用以生产工人工资为分配标准；材料和库存商品采用加权平均法计价，在产品成本按定额成本计算；所得税核算采用应付税款法，并假设不存在纳税调整项目。

该企业账务处理程序采用科目汇总表账务处理程序（学校可以根据需要改为记账凭证账务处理程序），记账凭证采用通用记账凭证，而不用专用记账凭证（学校根据需要也可改为专用记账凭证)。

3.2 模拟企业期初资料

3.2.1 账户期初余额表

南京博翔实业有限公司账户期初余额表如表3-1所示。

表3-1 账户期初余额表　　　　　　　　　　　　单位：元

序号	科目代码	会计科目名称	账页格式		方向	期初余额
			总账	明细账		
1	1001	库存现金	J	J	借	600.00
2	1002	银行存款	J		借	674 624.17
	100201	工商银行		J	借	674 624.17
3	1122	应收账款	J		借	56 000.00
	112201	杭州金鑫公司		J	借	56 000.00
	112202	安徽六安机械厂		J	借	
	112203	泰安机械制造有限公司		J	借	
	112204	广发公司		J	借	
4	1123	预付账款	J		借	1 100.00
	112301	财产保险费		J	借	900.00
	112302	报刊费		J	借	200.00
5	1221	其他应收款	J		借	
	122101	王华		J	借	
	122102	刘兵		J	借	
6	1231	坏账准备	J		贷	2 000.00
7	1402	在途物资	J		借	
	140201	甲材料		J	借	
	140202	乙材料		J	借	
	140203	丙材料		J	借	
	140204	丁材料		J	借	
8	1403	原材料	J		借	151 534.00
	140301	甲材料		S	借	50 000.00
	140302	乙材料		S	借	90 000.00
	140303	丙材料		S	借	6 012.00
	140304	丁材料		S	借	5 522.00
9	1405	库存商品	J		借	500 600.00

续表

序号	科目代码	会计科目名称	账页格式 总账	账页格式 明细账	方向	期初余额
	140501	A 商品		S	借	419 510.00
	140502	B 商品		S	借	81 090.00
10	1601	固定资产	J		借	1 400 000.00
11	1602	累计折旧	J		贷	129 600.00
12	2001	短期借款	J		贷	
	200101	工商银行		J	贷	
13	2202	应付账款	J		贷	328 715.00
	220201	无锡惠园公司		J	贷	324 715.00
	220202	自来水公司		J	贷	1 600.00
	220203	供电公司		J	贷	2 400.00
14	2211	应付职工薪酬	J		贷	19 820.00
	221101	工资		J	贷	
	221102	职工福利费		J	贷	19 820.00
15	2221	应交税费	J		贷	13 851.29
	222101	应交增值税		D		
	22210101	进项税额			借	
	22210102	转出未交增值税			借	
	22210103	销项税额			贷	
	222102	未交增值税		J	贷	12 367.22
	222103	应交所得税		J	贷	
	222104	应交城市维护建设税		J	贷	865.71
	222105	应交教育费附加	J		贷	371.02
	222106	应交地方教育附加		J	贷	247.34
16	2231	应付利息	J		贷	
17	2232	应付股利	J		贷	
18	4001	实收资本	J		贷	1 500 000.00
	400101	博翔实业有限公司		J	贷	1 500 000.00
	400102	黎明公司		J	贷	
19	4002	资本公积	J		贷	23 550.40
20	4101	盈余公积	J		贷	87 765.00

续表

序号	科目代码	会计科目名称	账页格式 总账	账页格式 明细账	方向	期初余额
21	4103	本年利润	J		贷	749 321.68
22	4104	利润分配	J		贷	125 000.00
	410402	提取盈余公积		J		
	410410	应付现金股利		J		
	410415	未分配利润		J	贷	125 000.00
23	5001	生产成本	J		借	195 165.20
	500101	A产品		D		160 580.72
	500102	B产品		D		34 584.48
24	5101	制造费用	J	D	借	
	工资及福利费、办公费、水电费、折旧费、物料消耗、保险费、其他					
25	6001	主营业务收入	J	D	贷	
	A产品、B产品					
26	6051	其他业务收入	J	D	贷	
	材料销售、包装物出租、固定资产出租					
27	6301	营业外收入	J	D	贷	
	罚款、固定资产盘盈、固定资产清理、其他					
28	6401	主营业务成本	J	D	借	
	A产品、B产品					
29	6402	其他业务成本	J	D	借	
	材料销售、包装物出租、固定资产出租					
30	6403	税金及附加	J		借	
31	6601	销售费用	J	D	借	
	运费、广告费、包装费、其他					
32	6602	管理费用	J	D	借	
	工资及福利费、办公费、水电费、折旧费、电话费、招待费、差旅费、其他					
33	6603	财务费用	J	D	借	
	利息、手续费、工本费					
34	6711	营业外支出	J	D	借	
	罚款、捐赠、固定资产盘亏、非常损失、固定资产清理、其他					
35	6801	所得税费用	J		借	

说明:"J"为三栏式,"D"为多栏式,"S"为数量金额式。

3.2.2 月初原材料明细账

南京博翔实业有限公司月初原材料明细账如表3-2所示。

表3-2 月初原材料明细账　　　　　　　　　　　　　　　　单位：元

材料名称	材料编号	计量单位	数量	单价	金额
甲材料	J134	千克	50	1 000.00	50 000.00
乙材料	K215	千克	30	3 000.00	90 000.00
丙材料	L912	千克	12	501.00	6 012.00
丁材料	M198	千克	22	251.00	5 522.00
合计					151 534.00

3.2.3 月初库存商品明细账

南京博翔实业有限公司月初库存商品明细账如表3-3所示。

表3-3 月初库存商品明细账　　　　　　　　　　　　　　　单位：元

产品名称	计量单位	数量	总成本	单位成本
A商品	件	700	419 510.00	599.30
B商品	件	150	81 090.00	540.60
合计			500 600.00	

3.2.4 月初在产品成本明细账

南京博翔实业有限公司月初在产品成本明细账如表3-4所示。

表3-4 月初在产品成本明细账　　　　　　　　　　　　　　单位：元

成本项目	直接材料	直接人工	制造费用	合计
A产品	140 000.00	12 005.40	8 575.32	160 580.72
B产品	25 935.00	5 233.20	3 416.28	34 584.48

第 4 章

模拟企业经济业务

4.1 经济业务说明

南京博翔实业有限公司 2017 年 12 月发生了下列经济业务：

业务 1. 12 月 3 日，从上海光明型材厂购入甲材料 200 千克，单价 1 000 元/千克，乙材料 120 千克，单价 3 000 元/千克，款项已通过银行信汇方式支付。（单据资料：附件 1-1、附件 1-2）

附件 1-1：银行业务委托书——外来原始凭证，由企业会计人员从开户银行购入，可以办理信汇、电汇、汇票、本票等支付业务。付款时选择具体的付款方式，由付款单位会计填制此单据，其是企业付款的凭证。

附件 1-2：增值税专用发票——外来原始凭证。增值税专用发票共计三联，分别是抵扣联、发票联和记账联。增值税专用发票载明购货单位、销货单位及购买货物等详细信息，由销货单位填制（对销货单位而言增值税专用发票属于自制原始凭证）。购买货物时购货单位从销货单位取得抵扣联与发票联，购货单位根据票面金额栏确认采购成本，根据税额栏确认应交税费——应交增值税（进项税额）。

核算思路：根据增值税专用发票载明的项目以及银行信汇凭证确定企业购买的货物种类、采购成本及付款方式，据以编制采购业务的记账凭证并登记银行存款日记账、物资采购明细账和应交增值税明细账。实际工作中，现金日记账、银行存款日记账必须采用订本式账簿，每日登记并结出余额，本实训以借、贷、余三栏式账页代替；物资采购明细账一般采用横线登记式明细账账页，本实训以三栏式账页代替；应交增值税明细账应登记在借方进项税额栏。

业务2.12月5日，收到黎明公司投资款30万元。（单据资料：附件2-1、附件2-2、附件2-3、附件2-4）

附件2-1：转账支票——外来原始凭证。转账支票是反映收款单位及付款单位相关信息的原始凭证，是企业收款或付款的凭据，由付款方填制（对于付款方而言转账支票属于自制原始凭证）。转账支票由两个部分组成：一部分是虚线左边部分，该部分为付款企业留存联，是企业的付款依据，属于自制原始凭证；另一部分是虚线右边部分，该部分交给收款单位，由收款单位送至银行，是收款单位收取款项的依据（不要作为记账凭证的附件）。

附件2-2：银行进账单——外来原始凭证。银行进账单是银行通知企业款项已经入账的凭证。银行进账单由两个部分组成：虚线左边部分作为企业的收账通知，虚线右边部分作为银行的记账凭据。企业收到转账支票或银行汇票等票据后，由收款单位会计根据有关票据填制进账单，企业开户银行在收到进账单及相关票据后，给予企业款项进账。

附件2-3：验资报告——新办企业或企业注册资本发生变更时，由委托的会计师事务所根据企业实际情况经审计后出具，据以说明企业的实收资本情况。

附件2-4：注册资本实收情况明细表——作为验资报告的附件，说明企业注册资本的构成情况，以及股东的出资情况、出资方式，由会计师事务所根据企业的实际情况经审计后出具。

核算思路：收款单位根据转账支票所反映的信息填制银行进账单，并假设已收回银行退回的收款通知联。根据收账通知（即银行进账单）以及会计师事务所出具的验资报告、注册资本实收情况明细表，编制收到股东投资额的记账凭证并登记银行存款日记账和实收资本明细账。实收资本明细账一般采用三栏式账页，按投资人设置。

业务3.12月5日，从上海光明型材厂购入的甲材料和乙材料验收入库。（单据资料：附件3-1）

附件3-1：采购入库单——自制原始凭证，载明企业材料的购买数量、金额及实际入库数量、金额，由采购单位根据采购发票及实际采购情况填制，货物入库时由仓库保管人员签收货物与单据。

核算思路：根据材料入库单载明的实际入库数量及金额确定入库货物的种类及原材料的实际成本，据以编制反映材料入库业务的记账凭证并登记物资采购明细账和原材料明细账。原材料明细账应采用数量金额式账页，按材料的品种规格设置。

业务4.12月6日，开出现金支票，从银行提取备用金40 000元。（单据资料：附件4-1）

附件4-1：现金支票——自制原始凭证，由企业会计人员从企业开户银行购入，是企业提取现金的凭据，由企业会计填制。现金支票由两个部分组成：一部分是虚线左边部分，该部分为企业留存联，作为企业提取现金的付款依据；另一部分是虚线右边部分，该部分是银行留存联，提取现金时交由银行，作为银行扣除企业银行存款账面资金的依据。

核算思路：支票应用碳素墨水或签字笔填写，先填存根联，后开支票。签发日期填"贰零壹柒年壹拾贰月零陆日"；收款人填写"南京博翔实业有限公司"；付款行名称填写"工行城中支行"；出票人账号填写"430200300100211"；金额为"￥40 000.00"；支票大写应紧接"人民币（大写）"后，小写金额前应加"￥"符号；用途填写"备用金"。根据现金支票存根载明提取的现金金额，编制记账凭证并登记现金日记账和银行存款日记账。

业务5.12月6日，以银行存款支付上月增值税、城市维护建设税、教育费附加和地方教育附加。（单据资料：附件5-1、附件5-2）

附件5-1：银行扣款专用凭证——外来原始凭证，企业交纳的增值税由银行代扣代缴，上缴税务机关。增值税税款从企业账面扣除后，由银行开具银行扣款凭证，证明企业应交的增值税已从账面扣除，企业依据银行扣款凭证编制会计分录。

附件5-2：银行扣款专用凭证——外来原始凭证，企业在交纳增值税的基础上，还应交纳城市维护建设税和教育费附加，也是采取银行代扣代缴的方式，上缴税务机关。税、费款从企业账面扣除后，由银行开具银行扣款凭证，证明企业应交纳的税、费已从账面扣除，企业依据银行扣款凭证编制会计分录。

核算思路：分别根据银行扣款专用凭证载明的扣款金额和税种编制记账凭证并登记银行存款日记账（根据两张扣款凭证分开登记，这样便于企业与银行对账）和应交税费明细账、其他应付款明细账。应交税费明细账、其他应付款明细账均采用三栏式账页。

业务6.12月6日，王华出差，向财务科预支现金1 500元。（单据资料：附件6-1）

附件6-1：借款单——自制原始凭证，也可从会计用品商店购买。借款单即借据，载明从企业借取现金的人员、时间、金额、用途等事项。

核算思路：根据借款单载明的金额、人员等编制记账凭证并登记现金日记账和其他应收款明细账。其他应收款明细账一般采用三栏式账页，按债务人设置。

业务7.12月7日，从无锡市惠园公司购入丙材料600千克，单价500元/千克，丁材料400千克，单价250元/千克，同时惠园公司代垫运杂费1 000元。材料已经入库，但货款尚未支付。运费按照材料重量进行分配（不考虑运费抵扣问题）。（单据资料：附件7-1、附件7-2、附件7-3）

附件7-3：增值税普通发票——外来原始凭证，由承运单位填制，载明承运单位、托运单位及托运货物的详细信息的原始单据，据以确认采购货物时发生的运杂费。实际工作中运费可以抵扣7%的增值税，本次实训不考虑。

核算思路：第一步，根据增值税专用发票、增值税普通发票载明的各个项目确定企业购买的货物种类、采购成本及付款方式，据以编制采购业务的记账凭证。第二步，根据材料入库单载明的实际入库数量及金额确定入库货物的种类及原材料的实际成本，据以编制反映材料入库业务的记账凭证并登记物资采购明细账、应交增值税明细账、应付账款明细账和原材料明细账。应付账款明细账一般采用三栏式账页，按债权人设置。

业务8.12月8日，以银行存款发放上月职工工资77 480元。（单据资料：附件8-1）

附件8-1：工资表——自制原始凭证，由企业在发放工资当月根据实际情况自行编制，载明发放工资的实际人数、发放时间、各人的实发金额、代扣款项以及受款人签章等（本次实训假设没有代扣款项）。

核算思路：根据工资表载明的实际发放金额、人员等编制记账凭证并登记银行存款日记账。实际工作中，应付职工薪酬可以按职工类别分设账页，并按工资组成内容分设专栏，根据"工资表"或"工资汇总表"相应栏的数字进行登记。为简化，本次实训应付职工薪酬没有开设明细账。

（注意：工资表中车间工人 A 是指该工人为生产 A 产品的工人、车间工人 B 是指该工人为生产 B 产品的工人）

业务 9.12 月 8 日，向中国工商银行借入半年期借款 500 000 元。（单据资料：附件 9-1）

附件 9-1：银行特种转账贷方传票——外来原始凭证，反映银行与企业间借贷资金的往来情况。企业从银行取得贷款时，由银行方填制银行特种转账贷方转票，款项入账后，企业凭此单据作为收账通知，据以编制会计分录并登记银行存款日记账和短期借款明细账。

核算思路：根据银行特种转账贷方传票载明的实际贷款金额、借贷款双方等信息编制记账凭证并登记银行存款日记账和短期借款明细账。短期借款明细账一般采用三栏式账页，按借款银行设置。

业务 10.12 月 8 日，以电汇方式支付无锡惠园公司货款及运费，共计 465 000 元，同时支付银行手续费 50 元。（单据资料：附件 10-1、附件 10-2）

附件 10-2：银行收费凭证——外来原始凭证，企业办理电汇等相关付款业务时，银行需要收取一定金额的手续费。银行收费凭证是银行收费的依据，由收费银行或付费企业会计填制，企业收到此单据后，作为付出手续费用的付款凭据。

核算思路：第一步，根据银行业务委托书载明的付款金额、收款单位等信息编制偿还采购货款的记账凭证；第二步，根据银行收费凭证反映的经济内容编制支付银行手续费的记账凭证；第三步，登记银行存款日记账、应付账款明细账和财务费用明细账。财务费用明细账一般采用多栏式账页，按费用项目设置专栏。

业务 11.12 月 9 日，公司办公室以现金购买办公用品 840 元。（单据资料：附件 11-1）

附件 11-1：商业销售发票——外来原始凭证，反映企业购买办公用品的凭证，购物时从销售方取得，由销售单位填制。

核算思路：根据购物发票所反映的内容，分析购买的办公用品属于什么费用，付款方式是现金还是银行存款，据以编制记账凭证并登记现金日记账和管理费用明细账。管理费用明细账一般采用多栏式账页，按费用项目设置专栏。

业务 12.12 月 9 日，销售 A 产品 100 件给南京建业机器厂，售价 800 元/件，收到转账支票。（单据资料：附件 12-1、附件 12-2、附件 12-3、附件 12-4）

附件 12-3：销售产品发货单——自制原始凭证，由销售部门填制，一般一式三联，一联销售部门留存，一联交财务科，一联交购货单位作为提货凭证。

核算思路：根据增值税专用发票记账联、转账支票、银行进账单所反映的购销双方的信息及销售金额等内容，确认 A 产品的销售收入，编制记账凭证并登记银行存款日记账、主营业务收入明细账、应交增值税明细账。主营业务收入明细账一般采用多栏式账页，并按产品种类设置专栏；应交增值税明细账登记在贷方销项税额栏。

业务 13.12 月 9 日，开具转账支票一张，支付上月自来水费 1 600 元。（单据资料：附

件13-1）

核算思路：由于是上月水费，因此在上月末企业已经进行了费用的分配，本月只需填制支票予以支付（单位也可以委托银行办理托收）；然后根据支票存根联编制记账凭证并登记银行存款日记账、应付账款明细账。

业务14. 12月9日，开具转账支票一张，支付上月电费2 400元。（单据资料：附件14-1）

核算思路：同业务13。

业务15. 12月11日，王华出差回来，报销差旅费1 460元，交回多余现金40元。（单据资料：附件15-1、附件15-2）

附件15-1：费用报销单——自制原始凭证。业务人员出差后，将发生的各项差旅费用发票加以汇总，粘贴在费用报销单后，交给财务部门审核、报销。

附件15-2：收款收据——自制原始凭证。出纳在收取报销人员退回的借款时，应开具收款收据，作为原借款已归还的凭据。

核算思路：首先应填制收款收据，收款金额应是1 500元，事由中应说明交回现金40元；然后根据收款收据和费用报销单反映的差旅费金额确认费用，以及需补或退的现金数，据以编制记账凭证并登记现金日记账、其他应收款明细账、管理费用明细账。

业务16. 12月11日，收到银行收款通知，杭州金鑫公司偿还货款56 000元。（单据资料：附件16-1）

附件16-1：银行收账通知——外来原始凭证，主要用于异地之间的汇兑业务，由银行填开，载明收/付款双方的各项信息。款项入账后，银行收账通知作为客户收款通知单交给收款单位，收款单位依据此原始单据编制记账凭证。

核算思路：根据银行收账通知反映的收款金额、付款单位等信息，以及企业"应收账款——杭州金鑫公司"明细账的账簿记录，核实此笔款项，据此编制记账凭证并登记银行存款日记账、应收账款明细账。

业务17. 12月12日，开出转账支票，向市红十字会捐款10 000元。（单据资料：附件17-1、附件17-2）

附件17-2：银钱收据——外来原始凭证，是由收款方开具给付款方的一项凭据，企业收到时作为付款依据入账。

核算思路：公益性捐赠支出与企业的生产经营无任何直接关系，该支出应该计入企业的营业外支出，而不能作为企业的一项费用处理。首先填写支票，支票的右半部分交给收款人，然后根据转账支票存根联及银钱收据编制记账凭证并登记银行存款日记账、营业外支出明细账。营业外支出明细账一般采用多栏式账页，按支出内容设置专栏。

业务18. 12月12日，收到安徽六安机械厂电汇来的订购400件A产品部分货款300 000元。（单据资料：附件18-1）

核算思路：根据权责发生制原则，预收客户的货款不能作为收入处理，应形成企业的负债，该项款项应计入预收账款。根据银行收款通知编制记账凭证并登记银行存款日记账、预收账款明细账。

业务 19. 12 月 13 日，向安徽六安机械厂发出 A 产品 400 件，单价 800 元/件，同时用现金代垫运费 200 元。（单据资料：附件 19-1、附件 19-2、附件 19-3）

核算思路：由于货款已经部分预收，现将商品发出，因此销售实现。根据销货发票及代垫运费单据编制记账凭证并登记现金日记账、预收账款明细账、主营业务收入明细账、应交税费明细账。

业务 20. 12 月 13 日，财务科购买电脑 2 台，总价 9 280 元，以转账支票支付。（单据资料：附件 20-1、附件 20-2、附件 20-3）

附件 20-2：固定资产交接单——自制原始凭证，由企业设备科在验收固定资产时填制。

核算思路：首先填写支票，将支票的右半部分给销售商，会计人员根据支票存根联、销售发票以及固定资产验收单编制记账凭证并登记银行存款日记账。实际工作中，固定资产应按类别设置三栏式明细账，并在明细科目下按每一独立的固定资产设置"固定资产卡片"。为简化操作，本次实训没有设置固定资产明细账。

业务 21. 12 月 14 日，销售丁材料 100 千克给协作单位南京市广发公司，售价 280 元/千克。（单据资料：附件 21-1）

核算思路：材料销售收入属于其他业务收入，这里只有销售发票，没有进账单及其他收款依据，说明材料款尚未收到。根据销售发票编制记账凭证并登记应收账款明细账、其他业务收入明细账、应交增值税明细账。其他业务收入明细账一般采用多栏式账页，按收入内容设置专栏。

业务 22. 12 月 15 日，开出转账支票，支付给广告公司本月广告费 3 000 元。（单据资料：附件 22-1、附件 22-2、附件 22-3）

核算思路：广告费用属于销售费用，首先签发支票，然后根据支票存根联和经办人填写的费用报销单，编制记账凭证并登记银行存款日记账、销售费用明细账。销售费用明细账一般采用多栏式账页，按费用项目设置专栏。

业务 23. 12 月 18 日，销售 A 产品 500 件给山东泰安机械制造有限公司，售价 800 元/件，同时开出转账支票代垫运杂费 1 500 元，已委托银行收款。（单据资料：附件 23-1、附件 23-2、附件 23-3、附件 23-4、附件 23-5）

附件 23-4：委托收款凭证（回单）——外来原始凭证，企业在发出商品以后，根据销售发票可以委托银行向购货方收取款项，银行受理后，企业根据委托收款凭证（回单）确认销售收入。

核算思路：由于已经办妥了托收手续，因此销售实现了，所以，可根据增值税专用发票记账联、支票存根联及委托收款凭证（回单）编制记账凭证（这里运费发票的处理同业务 19）并登记应收账款明细账、主营业务收入明细账、应交增值税明细账。

业务 24. 12 月 19 日，以现金支付本月销售 A 产品的市内运费 180 元。（单据资料：附件 24-1、附件 24-2）

核算思路：由销售企业负担的产品运费应计入销售费用，因此根据报销单及所附的运费发票编制记账凭证（这里不考虑运费抵扣问题）并登记现金日记账、销售费用明细账。

业务25.12月20日，收到银行付款通知，支付本月电话费3 500元。（单据资料：附件25-1、附件25-2）

附件25-2：委托收款凭证（付款通知）——外来原始凭证，是企业与银行签订协议，委托银行直接从其账户中支付款项的凭证，企业同城公用事业费一般都采用委托收款方式。

核算思路：电话费应计入管理费用，根据电话费发票和委托收款凭证（付款通知）编制记账凭证并登记银行存款日记账、管理费用明细账。

业务26.12月21日，职工张建明报销医药费380元。（单据资料：附件26-1、附件26-2）

附件26-1：医药费收费收据——外来原始凭证，是医院提供医疗服务后收取款项的依据。

附件26-2：报销单——自制原始凭证，是单位对有关费用经过批准后予以报销的依据。

核算思路：职工医药费在福利费中列支，根据医药费发票和报销单编制记账凭证并登记现金日记账。实际工作中，应付福利费应设置多栏式明细账账页，按支出项目设置专栏。为简化，本次实训没有设置应付福利费明细账。

业务27.12月22日，厂部报销招待费850元。（单据资料：附件27-1、附件27-2）

附件27-1：服务业专用发票——外来原始凭证，是饮食服务等行业开具给接受服务单位的收款依据。

核算思路：招待费应计入管理费用，根据经批准的费用报销单和发票编制记账凭证并登记现金日记账、管理费用明细账。

业务28.12月23日，开出转账支票2 400元，支付2018年报刊订阅费。（单据资料：附件28-1、附件28-2）

附件28-1：收费收据——外来原始凭证，是收款单位开具的收款证明。

核算思路：报刊订阅费属于管理费用，但这里支付的是下一年度的报刊费用，根据权责发生制原则，显然不应该计入本月的管理费用。首先签发支票，然后根据支票存根联和收据编制记账凭证并登记银行存款日记账、预付账款明细账。

业务29.12月26日，开出转账支票5 400元，支付2018年上半年车间设备保险费。（单据资料：附件29-1、附件29-2）

附件29-1：保险业专用发票——外来原始凭证，是保险公司收取保险费后开具给投保人的凭证。

核算思路：车间设备保险费属于制造费用，但这里支付的是2018年上半年的保险费，根据权责发生制原则，显然不应该计入本月的制造费用。首先签发支票，然后根据支票存根联和保险业专用发票编制记账凭证并登记银行存款日记账、预付账款明细账。

业务30.12月27日，收到扣款通知，车间职工刘兵因违纪，罚款120元。（单据资料：附件30-1）

附件30-1：扣款通知单——自制原始凭证，是单位有关职能部门填制的通知财务科扣款的依据。

核算思路：罚款收入属于偶发性收入，应列入营业外收入。但要注意的是，目前财务科收到的仅是扣款通知，款项尚未收到。根据扣款通知单编制记账凭证并登记其他应收款明细账、营业外收入明细账。营业外收入明细账一般采用多栏式账页，按项目设置专栏。

业务31. 12月27日，销售B产品260件给南京建业机器厂，售价760元/件，收到转账支票。（单据资料：附件31-1、附件31-2、附件31-3、附件31-4）

核算思路：依据收到的支票填制银行进账单，连同支票送存银行，根据进账单收账通知和销售发票确认销售收入，编制记账凭证并登记银行存款日记账、主营业务收入明细账、应交增值税明细账。

业务32. 12月31日，月末结转本月发出材料成本。（单据资料：附件32-1～附件32-16）

附件32-1～附件32-15：领料单——自制原始凭证，一般一式四联。第一联为存根联，留领料部门备查；第二联为记账联，留会计部门作为出库材料的核算依据；第三联为保管联，留仓库作为材料明细账的记账依据；第四联为业务联，留供应部门作为物资供应统计依据。领料单由车间经办人员填制，车间负责人、领料人、仓库管理员和发料人均需在领料单上签字，无签章或签章不全的均无效，不能作为记账的依据。

附件32-16：发料凭证汇总表——自制原始凭证，是一种汇总凭证，由会计人员定期根据领料单按部门、材料类别编制而成，用以确定发出材料的成本。

核算思路：生产部门或其他部门到仓库领料时，必须填制领料单，由领料部门填写请领数量，仓库管理员发料后再填写实发数量；由会计人员月末根据领料单按部门、材料类别编制发料凭证汇总表，汇总计算发出材料的成本。本业务要求先根据领料单编制发料凭证汇总表，然后根据发料凭证汇总表编制结转发出材料成本的记账凭证并登记生产成本明细账、其他业务成本明细账、原材料明细账。生产成本明细账一般采用多栏式账页，按成本项目设置专栏。

业务33. 12月31日，月末按本月实发工资分配本月工资。（单据资料：附件33-1）

附件33-1：工资费用分配表——自制原始凭证，会计部门根据"工资表"编制，按照工资的用途来分配工资费用，将工资费用计入产品成本或经营管理费用。

核算思路：工资作为企业的一种费用，应当按照其具体用途进行分配，生产工人的工资应该按照生产产品的不同计入相应的产品成本中，车间管理人员的工资一般应先计入制造费用，管理人员的工资计入管理费用。本笔业务应先根据前面第8笔业务中的工资表编制工资费用分配表，然后根据工资费用分配表编制工资分配的记账凭证并登记生产成本明细账、制造费用明细账、管理费用明细账。制造费用明细账一般采用多栏式账页，按费用项目设置专栏。

业务34. 12月31日，月末计提福利费。（单据资料：附件34-1）

附件34-1：职工福利费计算表——自制原始凭证，用于记录会计部门根据工资费用分配表中各车间、各部门的应付工资总额的一定比例计算提取的福利费，并在表中将其按用途进行分配。

核算思路：企业按照国家规定必须提取职工福利费，职工福利费的提取需要由会计人员根据工资费用分配表编制职工福利费计算表。职工福利费的提取基数是职工工资，提取比例为14%，提取的职工福利费应按用途分配计入成本、费用。本笔业务应先根据上一笔业务的工资费用分配表编制福利费计算表，然后根据福利费计算表编制提取职工福利费的记账凭证并登记生产成本明细账、制造费用明细账、管理费用明细账。

业务35. 12月31日，月末计提本月固定资产折旧。（单据资料：附件35-1）

附件35-1：固定资产折旧计算表——自制原始凭证，是会计部门根据固定资产的账面记录及企业会计制度相关折旧率的规定计算当月固定资产折旧额时编制的一种原始凭证。

核算思路：企业的固定资产在使用过程中，会发生有形或无形的损耗，因此需对其计提折旧，计提折旧的比率必须按照相关规定执行，不得随意更改，对提取的折旧额要根据固定资产的不同用途计入相关科目。本笔业务要求先编制计提固定资产折旧计算表，然后根据固定资产折旧计算表编制固定资产折旧的分录并登记制造费用明细账、管理费用明细账。（注意：最终计算的应是月折旧额）

业务36. 12月31日，月末计提本月车间财产保险费，行政部门报刊订阅费。（财产保险费于2017年6月底支付，期限半年，共5 400元；报刊订阅费于2016年年底支付，期限1年，共2 400元）（单据资料：附件36-1）

附件36-1：待摊费用计算表——自制原始凭证，是会计部门根据待摊费用的账面记录及摊销期限计算当月发生额时编制的一种原始凭证。

核算思路：企业已经支出但应由本期和以后各期分别负担的分摊期限在一年以内（包括一年）的各项费用，在发生时应计入预付账款科目，然后在以后期间按月摊销，摊销的金额要根据部门及用途的不同计入不同的科目。本业务要求根据保险费和报刊费的预付账款总额及分摊期限计算本月应分摊额，然后编制相关凭证并登记制造费用明细账、管理费用明细账、预付账款明细账。

业务37. 12月31日，月末计提本月银行借款利息。（单据资料：附件37-1）

附件37-1：短期借款利息计算表——自制原始凭证，是财会部门根据短期借款的账面记录及规定利率计算当月借款利息时编制的一种原始凭证。

核算思路：企业从银行借入短期借款的利息，一般按合同定期或到期一次支付，为了正确反映各月借款利息的实际情况，应根据权责发生制原则，按月计提利息。当月应计提的利息费用，即使在当月没有支付，也应作为当月的利息费用处理。本笔业务要求根据借款本金及相关利率计算12月份的利息费用。在计算利息费用时，如果当月的借款时间不到一个月，则应按天计算（2017年12月应按23天计算；全年按360天计算）。根据短期借款利息计算表编制记账凭证并登记财务费用明细账、应付利息明细账。

业务38. 12月31日，月末分配本月自来水费。（单据资料：附件38-1、附件38-2）

附件38-2：水、电费用分配表——自制原始凭证，是财会部门根据仪表记录及相关发票按照部门、用途分配当月水、电费用时编制的原始凭证。

核算思路：虽然企业当月的水、电费一般是在下月初才实际支付，但根据权责发生制的原则，企业在月底应将本月耗用的水、电费按照部门和用途进行分配，计入相关费用。本笔业务要求先根据不同部门的耗水量填制水、电费用分配表，然后编制相关凭证并登记制造费用明细账、管理费用明细账、应付账款明细账。

业务 39. 12 月 31 日，月末分配本月电费。（单据资料：附件 39-1、附件 39-2）

核算思路：同业务 38。

业务 40. 12 月 31 日，月末结转本月制造费用。（单据资料：附件 40-1）

附件 40-1：制造费用分配表——自制原始凭证，是会计部门根据各种产品所耗用的生产工时、机器工时或工资比例，在各种产品之间分配制造费用时编制的原始凭证。

核算思路：生产车间生产 A、B 两种产品，因此，需要将本月发生的制造费用在这两种产品之间按生产工人的工资比例进行分配，可以通过编制制造费用分配表来进行分配。在编制制造费用分配表时，首先要结出制造费用明细账的本月合计数，确定本月应分配的制造费用；然后要确定分配标准，本笔业务要求按生产工人的工资进行分配，生产工人工资的数据在第 33 笔业务中可以找到；接着可以根据生产工人工资总额确定分配率；最后根据不同产品的工人工资和分配率确定每种产品应分配的制造费用金额（制造费用分配率保留四位小数）。据此编制记账凭证并登记生产成本明细账、制造费用明细账。登记制造费用明细账时应在"本月合计"下用红字记录。

业务 41. 12 月 31 日，本月产品全部完工，结转完工产品成本。（单据资料：附件 41-1、附件 41-2、附件 41-3、附件 41-4、附件 41-5）

附件 41-1 ~ 附件 41-3：产成品入库单——自制原始凭证，是完工合格产品入库的证明。凡是车间完工的产成品，都应由车间送交产品检验部门；检验合格后，由检验人员填写检验结果，然后再送交库存商品仓库点收；仓库保管员填写实收数量，最后由车间、仓库双方经手人签章。产品入库单一式三联：一联退回车间，一联留存仓库，一联交会计部门。

附件 41-4、附件 41-5：完工产品成本计算表——自制原始凭证，是财会部门根据各种生产成本明细账及相关记录计算完工产品成本时编制的原始凭证。

核算思路：在编制完工产品成本计算表时，表中第一行"月初在产品成本"的数据就是生产成本明细账的期初余额，第二行"本月发生额"就是生产成本明细账中的本月生产费用，第三行"合计"就是月初在产品成本加上本月发生额。由于在本笔业务中所有产品全部完工，月末在产品成本为零，因此合计数就是本月完工产品的成本。表中完工产品的数量就是入库单中入库产品数量的合计数（注意：在计算出完工产品的成本后，应将入库单中的单位成本和金额补齐）。据此登记库存商品明细账、生产成本明细账。库存商品明细账应采用数量金额式账页，按商品设置；登记生产成本明细账时应在"本月合计"下用红字记录。

业务 42. 12 月 31 日，计算本月产品销售成本。（单据资料：附件 42-1、附件 42-2、附件 42-3、附件 42-4、附件 42-5）

附件 42-1 ~ 附件 42-4：产品出库单——自制原始凭证，由仓库保管员根据发货单填制。产品出库单一式三联：第一联由仓库保管，作为登记库存商品数量明细账的依据；第二联交销售部门备查；第三联交财会部门据以登记库存商品二级账。

附件 42-5：产品销售成本计算表——自制原始凭证，是财会部门根据库存商品明细账及其他相关记录计算本月销售的产品成本时编制的原始凭证。

核算思路：产品销售成本计算表可以根据库存商品明细账和产品出库单编制。表中第一列"上月库存"的数据即库存商品明细账的期初余额；第二列"本月入库"的数据即业务43中结转完工产品成本时计算出来的数据。第三列"合计"即上月库存数与本月入库数的合计数，"平均价"用合计金额除以合计数量得到。第四列"本月减少"的数量根据产品出库单确定（产品出库单附在前面的销售业务中），金额用第三列中的平均价乘以数量得到。第五列"月末库存"用合计数减去本月减少数即可。据此编制记账凭证并登记主营业务成本明细账、库存商品明细账。主营业务成本明细账一般采用多栏式账页，按产品设置专栏。

业务43. 12月31日，计算本月应交增值税、应交城市维护建设税、应交教育费附加、应交地方教育附加。（单据资料：附件43-1、附件43-2、附件43-3）

附件43-1：应交增值税计算表——自制原始凭证，是财会部门根据账簿记录及其他相关记录计算本月应交增值税时编制的原始凭证。

附件43-2：应交城市维护建设税计算表——自制原始凭证，是会计部门根据账簿记录及其他相关记录计算本月应交城市维护建设税时编制的原始凭证。

附件43-3：应交教育费附加和地方教育附加计算表——自制原始凭证，是财会部门根据账簿记录及其他相关记录计算本月应交教育费附加和地方教育附加时编制的原始凭证。

核算思路：应交增值税计算表中的销项数据主要是根据收入类账户的明细账、应交增值税明细账以及销售业务的相关增值税专用发票填列，进项数据主要根据应交增值税明细账和采购业务的相关增值税发票填列，应纳税额等于当期销项税额减去当期进项税额再加上当期进项税额转出；当期销项税额小于当期进项税额不足抵扣时，不足部分可以结转下期继续抵扣；期末应将应交增值税结转到未交增值税。应交城市维护建设税是在当期应交增值税的基础上按照7%的比例计算；应交教育费附加是在当期应交增值税的基础上按照3%的比例计算；应交地方教育附加是在当期应交增值税的基础上按照2%的比例计算。据此编制记账凭证并登记应付增值税明细账、未交增值税明细账、应交城建税明细账、其他应交款明细账。未交增值税明细账采用三栏式账页。

业务44. 12月31日，结转本月损益类账户。

核算思路：结转前要计算各个损益类账户的本月发生额，然后直接根据损益类账户的发生额进行结转。登记多栏式损益类账户时应在"本月合计"下用红字登记。

业务45. 12月31日，计算并结转本月应交所得税。（单据资料：附件45-1）

附件45-1：企业所得税计算表——自制原始凭证，是会计部门根据账簿记录及其他相关记录计算本月应交所得税时编制的原始凭证。

核算思路：企业所得税计算表大多数项目主要是根据损益类账户的发生额填列，如主营业务收入、主营业务成本等。根据所填列的基础数据，按照利润总额的计算原理，在表上直接计算主营业务利润、营业利润和利润总额，然后分析填列应纳税所得额（本题不涉及纳税调整事项），在此基础上根据适用税率（25%）计算应纳所得税。表中其他业务利润项目的金额由其他业务收入账户的金额减去其他业务支出账户的金额计算得出。据此编制记账凭证并登记应交所得税明细账。

业务46. 12月31日，结转全年实现的利润。

核算思路：年终时，应将全年实现的净利润（或亏损）转入"利润分配"账户，年终结转后"本年利润"账户应无余额。

业务47. 12月31日，按税后利润的10%提取法定盈余公积。（单据资料：附件47-1）

附件47-1：提取盈余公积计算表——自制原始凭证，是会计部门根据账簿记录及其他相关记录计算应提取的盈余公积时编制的原始凭证。

核算思路：按照现行制度规定，对于企业当年实现的净利润，在弥补亏损以后应该提取10%的法定盈余公积。据此编制记账凭证并登记利润分配明细账、盈余公积明细账。

业务48. 12月31日，按税后利润的50%向投资者分配本年利润。（单据资料：附件48-1）

附件48-1：应付利润计算表——自制原始凭证，是会计部门根据账簿记录及其他相关记录计算应付给投资者的利润时编制的原始凭证。

核算思路：企业在提取法定盈余公积后，可以按照公司章程或董事会决议向投资者分配利润。本笔业务要求按税后利润的50%向投资者分配利润，据此编制记账凭证并登记利润分配明细账。

业务49. 12月31日，结转利润分配明细账。

核算思路：按照规定，年终，企业应将"利润分配"账户下的其他明细账户的余额转入"利润分配——未分配利润"账户，结转后，除"未分配利润"明细账户外，"利润分配"账户的其他明细账户应无余额。

业务50. 12月31日，出纳从银行取得银行对账单，进行银行对账。（单据资料：附件50-1、附件50-2）

附件50-1：银行对账单不属于原始凭证，它是开户银行定期提供给企业的有关银行存款收支的详细记录，是企业同银行进行账实核对的依据。企业据此编制银行存款余额调节表。

附件50-2：银行存款余额调节表不属于原始凭证，是企业同银行进行账实核对的依据。

核算思路：将企业银行存款日记账同银行对账单进行逐笔勾对，看是否存在未达账项，如果有未达账项，则通过银行存款余额调节表进行调整，调整后的银行存款余额则表明企业在银行的实际存款额。

4.2 单据资料

2017年12月份，南京博翔实业有限公司发生的经济业务有关单据资料以附件a-b形式提供如下，其中a代表业务编号，b代表该项业务的第几张附件。需注意的是，所提供的单据资料并不完全属于原始凭证，还有些空白附件需要学生填制完成。

附件1-1

中国工商银行　　　　　　　　　　业务委托书

日期 2017 年 12 月 3 日　　　　　　　苏A　05066×××

| 业务类型 | □电汇 | ■信汇 | □汇票申请书 | □本票申请书 | 其他_____ |

汇款人	全称	南京博翔实业有限公司	收款人	全称	上海光明型材厂
	账号或地址	430200300100211		账号或地址	201001152000000
	开户银行	工行城中支行		开户银行	中行城北支行

金额(大写) 陆拾肆万玖仟陆佰元整　　　亿 千 百 十 万 千 百 十 元 角 分
　　　　　　　　　　　　　　　　　　　¥　　　　6 4 9 6 0 0 0 0

密码	00-00-01-01	加急汇款签字		上列款项及相关费用请从我账户内支付。
用途	甲、乙材料款			南京博翔实业有限公司财务专用章 / 李之明印
备注				客户签章

会计主管：　　　　　　复核：　　　　　　记账：

附件1-2

附件2-1 （此联不作原始凭证）

中国工商银行　　转账支票(苏)

XII02256×××

出票日期(大写)：贰零壹柒年壹拾贰月零伍日　　付款行名称：南京黎明公司
收款人：南京博翔实业有限公司　　　　　　　　　出票人账号：430200500300000

人民币：叁拾万元整
（大写）

亿	千	百	十	万	千	百	十	元	角	分
			¥	3	0	0	0	0	0	0

用途　投资款

[南京黎明财务公用章司专]　[王之华印]　　11-5120-209

上列款项请从
我账户内支付
出票人签章　　　　　　　　　　　复核　　　　记账

附件2-2

银行进账单　No.28220800　　　　**银 行 进 账 单**(送票回执)1　No.28220800

年　月　日　　　　　　　　　　　　　　年　月　日

收款人	全称											收款人	全称		票据种类									
	账号												账号		票据张数										
	开户银行												开户银行		附件张数										

人民币合计	千	百	十	万	千	百	十	元	角	分	合计金额	人民币（合计）		千	百	十	万	千	百	十	元	角	分

序号	付款人名称或账号	金额	序号	付款人名称或账号	凭证号码	金额							
						千	百	十	万	千	百	十	元	角	分
						（银行盖章）									

附件 2-3

江苏金昌会计师事务所有限公司南京分所

苏金会宁分所【2017】验字第 002 号

验 资 报 告

南京博翔实业有限公司全体股东：

  我们接受委托，审验了贵公司截至 2017 年 12 月 5 日申请变更登记的注册资本的实收情况。按照国家相关法律、法规的规定和有关决议、章程的要求出资，提供真实、合法、完整的验资资料，保证资产的安全、完整，是全体股东及贵公司的责任。我们的责任是对贵公司注册资本的实收情况发表审验意见。我们审验是依据《独立审计实务公告第 1 号——验资》进行的。在审验过程中，我们结合贵公司的实际情况，实施了检查等必要的审验程序。

  根据有关部门协议、章程规定，贵公司申请变更的注册资本为人民币 180 万元，由南京博翔实业有限公司（以下简称甲方）、南京黎明公司（以下简称乙方）于 2017 年 12 月 5 日之前缴足。经我们审验，截至 2017 年 12 月 5 日，贵公司已收到全体股东交纳的注册资本，合计人民币壹佰捌拾万元整（￥1 800 000.00），全部以货币出资。

  本验资报告仅供贵公司申请变更登记及据以向全体股东签发出资证明时使用，不应将其视为对贵公司验资报告日后资本保全、偿债能力和持续经营能力等的保证。因使用不当造成的后果，与执行本验资业务的注册会计师及会计师事务所无关。

  附：注册资本实收情况明细表

江苏金昌会计师事务所有限公司

南京分所

中国　南京

主任会计师：中国注册会计师 王丽萍 31010001002

中国注册会计师：中国注册会计师 刘小凡 31010001001

二〇一七年十二月五日

附件 2-4

注册资本实收情况明细表

截至 2017 年 12 月 5 日

公司名称：南京博翔实业有限公司　　　　　　　　　　　　货币单位：万元

股东名称	申请的注册资本		实际出资情况					其中：实际缴注册资本	
	金额	比例/%	货币	实物	净资产	其他	合计	金额	占注册资本总额比例/%
博翔公司	150.00	83.3	150.00				150.00	150.00	83.3
黎明公司	30.00	16.7	30.00				30.00	30.00	16.7
合计	180.00	100	180.00				180.00	180.00	100

江苏金昌会计师事务所有限公司南京分所验资专用章

江苏金昌会计师事务所有限公司南京分所　　　　　中国注册会计师：　刘小凡　31010001001

附件 3-1

南京博翔实业有限公司材料入库单

日期：2017-12-05　　　供应商：上海光明型材厂　　　单号：CG2017-12-05-0001

品名规格	单位	数量	单价/元	金额/元	采购费用/元	实际入库数量	金额/元
甲材料	千克	200	1 000.00	200 000.00	—	200	200 000.00
乙材料	千克	120	3 000.00	360 000.00	—	120	360 000.00
合　计		320		560 000.00	—	320	560 000.00

审核：　　　　　采购员：徐建达　　　　保管员：吴青　　　　记账：

附件 4-1

中国工商银行 现金支票存根(苏) BY0425××× 附加信息 _____ _____ _____	中国工商银行　　　　　　　　　现 金 支 票（苏） BY0425××× 出票日期(大写)：　　年　月　日　　　付款行名称： 收款人：　　　　　　　　　　　　　出票人账号：

出票日期　　年　月　日	人民币： （大写）	亿 千 百 十 万 千 百 十 元 角 分
收款人：		
金额：	用途_____	
用途：	上列款项请从 我账户内支付	00-2346-3576
单位主管　　　会计	出票人签章　　　　　　　　　　复核　　记账	

附件 5-1

银 行 扣 款 专 用 凭 证

填发日期：2017-12-6　　　　　　　　　　　　　第 A0500200021 号

单位名称	南京博翔实业有限公司			账号		430200300100211	
代码	320106221066221		扣款日期	20171206	交易码	20171206001	
科目名称	品目名称	所属期	计征金额	征收率	已缴金额	实缴金额	
国内增值税	工业企业	171101-171130	866 052.34	16%	126 201.15	12 367.22	
				中国工商银行城中支行 ★ 2017.12.06 ★ 业务清讫 (9)			
合计	（大写）壹万贰仟叁佰陆拾柒元贰角贰分					￥12 367.22	
银行签章：		柜员号：	0321	备注：		出票状态:1	

此凭证仅交付款人作为扣款凭据使用，不得收取现金，手工填开和未加盖银行转讫章无效

附件 5-2

银行扣款专用凭证

填发日期:2017-12-6　　　　第 A0500200021 号

单位名称	南京博翔实业有限公司			账号	430200300100211	
代码	320106221066221		扣款日期	20171206	交易码	20171206001
科目名称	品目名称	所属期	计征金额	征收率	已缴金额	实缴金额
城市维护建设税	城市维护建设税	171101-171130	12 367.22	7%		865.71
教育费附加	教育费附加	171101-171130	12 367.22	3%		371.02
地方教育附加	地方教育附加	171101-171130	12 367.22	2%		247.34
合计	(大写)壹仟肆佰捌拾肆元零角柒分					¥1 484.07
银行签章:		柜员号:	0321	备注: (9)		出票状态:1

(中国工商银行城中支行 2017.12.06 业务清讫)

此凭证仅交付款人作为扣款凭据使用,不得收取现金,手工填开和未加盖银行转讫章无效

附件 6-1

南京博翔实业有限公司
现 金 借 款 单

No 32010011

2017 年 12 月 6 日

借款人:王华	
借款用途:出差备用	
借款数额:人民币(大写) 壹仟伍佰元整　　　　　¥1 500.00	
借款人所属部门:经理办	借款人(签章) 王华　2017 年 12 月 06 日
单位负责人批示: 同意借款	签字:李明
会计或出纳员签章:宋佳	现金付讫

附件 7-1

江苏增值税专用发票

No 03461018

开票日期：2017 年 12 月 7 日

购货单位	名　称：南京博翔实业有限公司 纳税人识别号：320106221066221 地址、电话：宁海路521号 025-63330331 开户银行及账号：工行城中支行 430200300100211	密码区	DVX<L。/0135>/;12ASER>YER3 ALFP,L,42.0-+FTTG11W.\WERS12

货物或应税劳务名称	规格型号	单位	数量	单价	金　额	税率	税　额
丙材料	YL501	千克	600	500.00	300 000.00	16%	48 000.00
丁材料	YL502	千克	400	250.00	100 000.00	16%	16 000.00
合　计					￥400 000.00		￥64 000.00

价税合计（大写）	⊗肆拾陆万肆仟元整	（小写）￥464 000.00

销货单位	名　称：无锡市惠园公司 纳税人识别号：320110112302600 地址、电话：滨湖路112号 0511-66020066 开户银行及账号：工行城西支行 430100200512003	备注	货款尚欠

收款人：王萍　　　复核：　　　开票人：张建华　　　销货物单位：（章）

第三联　发票联

附件 7-2

南京博翔实业有限公司材料入库单

日期：2017-12-07　　　供应商：无锡市惠园公司　　　单号：CG2017-12-07-0001

品名规格	单位	数量	单价/元	金额/元	采购费用/元	实际入库数量	金额/元
丙材料	千克	600	500.00	300 000.00	—	600	300 600.00
乙材料	千克	400	250.00	100 000.00	—	400	100 400.00
合　计		1 000		400 000.00	—	1 000	401 000.00

审核：　　　采购员：徐建达　　　保管员：吴青　　　记账：

附件 7-3

江苏增值税普通发票

No 05532134
开票日期:2017 年 12 月 7 日

购货单位	名称:无锡市惠园公司 纳税人识别号:320110112302600 地址、电话:滨湖路 112 号 0511-66020066 开户银行及账号:工行城西支行 430100200512003	密码区	ABX<L>/0039>/;15ASER>WWER1 CIOP,L<22.0-+FGFG15W.\WERS33

货物或应税劳务名称	规格	单位	数量	单价	金额	税率	金额
丙、丁材料运费		千米	202.02	4.50	909.09	10%	90.91
合计					¥909.09		¥90.91
价税合计(大写)	⊗壹仟元整				(小写)¥1 000.00		

销货单位	名称:无锡市联盛货物运输公司 纳税人税务识别号:320111743060133 地址、电话:滨湖路 113 号 0511-66020067 开户银行及账号:工行城西支行 430100200512005	备注	无锡市联盛货物运输公司 320111743060133 (销货单位发票专用章)

收款人: 复核: 开票人:郭红

附件 8-1

十一月份工资表

单位:南京博翔实业有限公司   发放日期:2017 年 12 月 8 日

姓名	所属部门职务	基本工资/元	(一)产、病工资 日数	(一)产、病工资 工资	(二)事假 日数	(二)事假 工资	应发工资	代扣款项 社保	代扣款项 医疗	代扣款项 公积金	实发金额/元	受款人签章
李明	厂部管理	4 800.00									4 800.00	李明
王华	厂部管理	4 108.00									4 108.00	王华
李萍	厂部管理	3 802.00									3 802.00	李萍
宋佳	厂部管理	3 550.00									3 550.00	宋佳
王铁钢	厂部管理	3 350.00									3 350.00	王铁钢
吴青	厂部管理	3 350.00									3 350.00	吴青
李长华	车间管理	4 300.00									4 300.00	李长华
徐建达	车间管理	4 110.00									4 110.00	徐建达
钱华明	车间工人 A	3 850.00									3 850.00	钱华明
孙林	车间工人 A	3 650.00									3 650.00	孙林

续表

姓名	所属部门职务	基本工资/元	(一)产、病工资		(二)事假		应发工资	代扣款项			实发金额/元	受款人签章
			日数	工资	日数	工资		社保	医疗	公积金		
周敏	车间工人A	3 650.00									3 650.00	周敏
张军	车间工人A	3 650.00									3 650.00	张军
张建明	车间工人A	3 580.00									3 580.00	张建明
张岩	车间工人A	3 580.00									3 580.00	张岩
华勇	车间工人A	3 450.00									3 450.00	华勇
李永	车间工人A	3 450.00									3 450.00	李永
章立华	车间工人A	3 450.00									3 450.00	章立华
王敬军	车间工人B	3 450.00									3 450.00	王敬军
李兰	车间工人B	3 450.00									3 450.00	李兰
刘兵	车间工人B	3 450.00									3 450.00	刘兵
马兵	车间工人B	3 450.00									3 450.00	马兵
合计		77 480.00									77 480.00	

工资:李萍　　　　　　　出纳:宋佳　　　　　　　制表:王铁钢

附件9-1

中国工商银行特种转账贷方传票

宁工字　　NO 0050274

2017年12月8日　　(31)

付款单位	全称	中国工商银行南京市分行			收款单位	全称	南京博翔实业有限公司	
	账号或地址	020001300000000				账号或地址	4302003001002 11	
	开户银行	贷款户		行号		开户银行	工行城中支行	行号

金额	人民币:伍拾万元整（大写）	千 百 十 万 千 百 十 元 角 分
		¥ 5 0 0 0 0 0 0 0

中国工商银行
南京市分行
2017-12-08

原凭证金额		赔偿金		科目(贷)_____
原凭证名称		号码		对方科目(借)_____
转账原因	发放贷款	银行盖章		会计　　复核　　记账　　制票

附件10-1

中国工商银行　　　　　　　　　业务委托书

日期 2017 年 12 月 8 日　　　　　　　　　苏 A　05066×××

| 业务类型 | ■电汇 | □信汇 | □汇票申请书 | □本票申请书 | 其他____ |

汇款人	全称	南京博翔实业有限公司	收款人	全称	无锡惠园公司
	账号或地址	430200300100211		账号或地址	430100200512003
	开户银行	工行城中支行		开户银行	工行城西支行

金额(大写)：肆拾陆万伍仟元整

亿	千	百	十	万	千	百	十	元	角	分
			¥	4	6	5	0	0	0	0

密码	00-00-01-02	加急汇款签字	2017-12-08	上列款项及相关费用请从我账户内支付
用途	丙、丁材料款			南翔有司专京实限财用博业公务章　李之明印
备注				客户签章

会计主管：　　　　　复核：　　　　　记账：

附件10-2

中国工商银行收费凭证　　　第　　号

2017 年 12 月 8 日　　　　　凭证号码：2010001

户　名	南京博翔实业有限公司		账　号	430200300100211	
开户银行	工行城中支行	凭证(结算)种类	单价	数量	金额
收费种类	手续费				50.00
1.客户购买凭证时在"收费种类"栏填写工本费，在"凭证种类"栏填写所购凭证名称。 2.客户在办理结算业务时，在"收费种类"栏分别填写手续费或邮电费，在"结算种类"栏填写办理结算方式。		中国工商银行 城中支行 2017-12-08			
		合计：(人民币) (大写)伍拾元整			¥50.00

复核　　　　　　　　　记账

附件 11-1

江苏省南京市商业销售发票
发票联

132010520130

开票日期：2017 年 12 月 9 日　　　　　　　　　　　　　　　No 15345870

单位名称	南京博翔实业有限公司				税务登记代码				320106221066221				备注
品名	规格	单位	数量	单价	金额								
					万	千	百	十	元	角	分		
办公用品							8	4	0	0	0		
金额合计（大写）	⊗万⊗仟捌佰肆拾零元零角零分				¥		8	4	0	0	0		
销售单位	(加盖财务专用章或发票专用章)		开户银行	易达文具公司		结算方式		银行□　现金■					
	3201031110771101		账号	332033331000000		电话		83320367					

开票人：张楚　　　　　开票单位签章：　　　　　　　　收款人：许丽

第一联　发票联

附件 12-1　（此联不作原始凭证）

中国农业银行　　转账支票（苏）

XII2256003

出票日期(大写)：贰零壹柒年拾贰月零玖日　　付款行名称：南京建业机器厂
收款人：南京博翔实业有限公司　　　　　　　　出票人账号：330003675003

人民币：玖万贰仟捌佰元整（大写）	亿	千	百	十	万	千	百	十	元	角	分
					¥9	2	8	0	0	0	0

用途：购货

　　　　　　　　　南业厂专
　　　　　　　　　京机财用　　　王利
　　　　　　　　　建器务章　　　永印　　　15-5230-211

上列款项请从
我账户内支付
出票人签章：　　　　　　　　　　复核　　　　记账

附件 12-2

银行进账单 No. 28220800
年　月　日

银 行 进 账 单（送票回执）1 No. 28220800
年　月　日

收款人	全称											收款人	全称		票据种类									
	账号												账号		票据张数									
	开户银行												开户银行		附件张数									

人民币合计	千	百	十	万	千	百	十	元	角	分	合计金额	人民币（合计）		千	百	十	万	千	百	十	元	角	分

序号	付款人名称或账号	金额	序号	付款人名称或账号	凭证号码	金额									
						千	百	十	万	千	百	十	元	角	分
1															（银行盖章）

附件 12-3

销售产品发货单

购货单位：南京建业机器厂　　　　2017 年 12 月 9 日　　　　运输方式：自提　　编号：061201

产品名称	规格型号	计量单位	数量	单价	金额	备注
A 产品	AB—5	件	100	800.00	80 000.00	

销售负责人：王华　　　　发货人：吴青　　　　提货人：章明　　　　制单：吴青

附件12-4

江苏增值税专用发票

No 05533012

开票日期:2017年12月9日

购货单位	名称:南京建业机器厂 纳税人识别号:320102331122991 地址、电话:建邺路89号 025-86506379 开户银行及账号:中国农业银行 330003675003	密码区	XWL<L。/0135>´;10ASEV>XAER1 BLDNP,L88.0-+FTSG11\LSERS35

货物或应税劳务名称	规格型号	单位	数量	单价	金 额	税率	税额
A产品	AB—5	件	100	800.00	80 000.00	16%	12 800.00
合 计					¥80 000.00		¥12 800.00

价税合计(大写)	⊗ 玖万贰仟捌佰元整	(小写)¥92 800.00

销货单位	名称:南京博翔实业有限公司 纳税人识别号:320106221066221 地址、电话:宁海路521号 025-63330331 开户银行及账号:工行城中支行 430200300100211	备注	

收款人: 复核: 开票人:李萍 销货物单位:(章)

第一联 记账联

附件13-1

中国工商银行 转账支票存根(苏) XII02256×××	中国工商银行　　转账支票(苏)											XII02256×××
附加信息	出票日期(大写): 年 月 日									付款行名称:		
	收款人:									出票人账号:		
出票日期 年 月 日	人民币: (大写)	亿	千	百	十	万	千	百	十	元	角	分
收款人:	用途_____											
金额:										01-2341-6798		
用途:	上列款项请从 我账户内支付											
单位主管 会计	出票人签章							复核		记账		

附件 14-1

中国工商银行 转账支票存根(苏) XII02256×××	中国工商银行　　转账支票(苏)　　XII02256×××
附加信息 　 　 	出票日期(大写)：　　年　　月　　日　　付款行名称： 收款人：　　　　　　　　　　　　　　　出票人账号：
出票日期　年　月　日	人民币： (大写)　　　　　　　亿 千 百 十 万 千 百 十 元 角 分
收款人：	
金　额：	用途_____　　　　　　　　　　02-3405-8769
用　途：	上列款项请从 我账户内支付
单位主管　　会计	出票人签章　　　　　　　　　　　复核　　　记账

附件 15-1

南京博翔实业有限公司费用报销单

记账凭证附件

发生日期		报销内容	单据张数	金额									备注
月	日			百	十	万	千	百	十	元	角	分	
12	11	差旅费	5			1	4	6	0	0	0	0	
合计人民币(大写)壹仟肆百陆拾元整				¥		1	4	6	0	0	0	0	
主管意见	同意　　李明　2017-12-11			报销人签章：王华									
已借现金：¥1 500.00				退回现金：¥40.00									

复核：　　　　　　　　记账：　　　　　　　出纳：宋佳

附件 15-2

收款收据

No 0002045

年　月　日

今收到＿＿＿＿＿＿＿＿＿＿＿＿＿＿＿＿＿＿交来

人民币(大写)　　　　　　　　　　　　　￥

事由＿＿＿＿＿＿＿＿＿＿＿＿＿＿＿＿＿＿＿＿＿＿＿＿

财会主管　　记账　　审核　　出纳　　经手人

附件 16-1

中国工商银行　　　　支付系统　专用凭证　No 000078628760

报文种类:CMT100　　交易种类:HVPS　　贷计　业务种类:11　　支付交易序号:0127031
发起行行号:313303000072　　　　汇款人开户行行号:313303000072　　委托日期:2017-12-11
汇款人账号:11011345670
汇款人名称:杭州金鑫公司
汇款人地址:西湖路 11 号
接收行行号:4301　　　　　　　收款人开户行行号:4301　　　　　收报日期:2017-12-11
收款人账号:430200300100211
收款人名称:南京博翔实业有限公司
收款人地址:宁海路 521 号
货币名称、金额(大写):伍万陆仟元整
货币符号、金额(小写):￥56 000.00
附言:货款
报文状态:已入账
流水号:515934　　打印时间:2017-12-11
第 01 次打印!

中国工商银行
城中支行
2017-12-11

第二联　作为客户通知单　　会计　　复核　　记账

附件17-1

中国工商银行 转账支票存根（苏） XII02256×××	中国工商银行　　转账支票（苏） XII02256×××
附加信息 _____ _____ _____	出票日期(大写)：　年　月　日　　付款行名称： 收款人：　　　　　　　　　　　　　出票人账号：
出票日期　年　月　日	人民币： （大写） 亿 千 百 十 万 千 百 十 元 角 分
收款人：	用途_____
金额：	06-1405-8865
用途：	上列款项请从 我账户内支付
单位主管　　会计	出票人签章　　　　　　　　复核　　　记账

附件17-2

南京市行政事业性统一银钱收据　　No 3770464

宁财A—01—01

今收到	南京博翔实业有限公司
交来	公益性捐款
人民币(大写)壹万元整	￥10 000.00
收款单位 （公章） [会财务专用章] [南京市红十字章]	收款人 (签章) 李丁　2017 年 12 月 12 日

·45·

附件18-1

| 中国工商银行 | 支付系统 专用凭证 No 000036528263 |

报文种类:CMT130　　交易种类:HVPS　　贷计　业务种类:11　　支付交易序号:0163231
发起行行号:3011103000070　　　　　　汇款人开户行行号:3011103000070　　委托日期:2017-12-12
汇款人账号:372840125993566
汇款人名称:安徽六安机械厂
汇款人地址:安淮路29号
接收行行号:4301　　　　　　收款人开户行行号:4301　　　　　　收报日期:2017-12-12
收款人账号:430200300100211
收款人名称:南京博翔实业有限公司
收款人地址:宁海路521号　　　　　　中国工商银行
货币名称、金额(大写):叁拾万元整　　　城中支行
货币符号、金额(小写):¥300 000.00　　2017-12-12
附言:货款
报文状态:已入账
流水号:516954　　打印时间:2017-12-12
第01次打印!

第二联　作为客户通知单　　　会计　　　复核　　　记账

附件19-1

江苏增值税专用发票

No 05533012
开票日期 2017 年 12 月 13 日

购货单位	名称:安徽六安机械厂	密码区	ABX<L>/0035>/;12ASER>WWER1
	纳税人税务识别号:320914295603227		
	地址、电话:安淮路29号　0551-7432570		CIOP,L<22.0-+FGFG11W.\WERS34
	开户银行及账号:农行城西支行 372840125993566		

货物或应税劳务名称	规格	单位	数量	单价	金　额	税率	税额
A 产品	AB—5	件	400	800.00	320 000.00	16%	51 200.00
合　计					¥320 000.00		¥51 200.00

| 价税合计(大写) | ⊗ 叁拾柒万壹仟贰佰元整 | (小写) ¥371 200.00 |

销货单位	名称:南京博翔实业有限公司	备注	
	纳税人税务识别号:320106221066221		
	地址、电话:宁海路521号　025-63330331		
	开户银行及账号:工行城中支行 430200300100211		

收款人:　　　复核:　　　开票人:李萍　　　销货单位:(章)

附件 19-2

江苏增值税普通发票　No 05532278

开票日期：2017 年 12 月 13 日

购货单位	名称：南京博翔实业有限公司 纳税人识别号：320106221066221 地址、电话：宁海路 521 号　025-63330331 开户银行及账号：工行城中支行 430200300100211	密码区	ABX<L>/0035>/;12ASER>WWER1 CIOP,L<67.0-+FGFG23W.\WERS64

货物或应税劳务名称	规格	单位	数量	单价	金额	税率	金额
A 产品运费		千米	39.96	4.55	181.82	10%	18.18
合计					￥181.82		￥18.18
价税合计（大写）	⊗贰佰元整				（小写）￥200.00		

销货单位	名称：南京吉利运输公司 纳税人税务识别号：320235890610433 地址、电话：马高路 123 号　025-52319322 开户银行及账号：工行城东支行 430200300100223	备注	现金　南京吉利运输公司 320235890610433 销货单位发票专用章

收款人：　　　复核：　　　开票人：王娜　　　销货单位：

附件 19-3

销售产品发货单

购货单位：安徽六安机械厂　　　2017 年 12 月 13 日　　　运输方式：公路　　编号：061202

产品名称	规格型号	计量单位	数量	单价	金额	备注
A 产品	AB—5	件	400	800.00	320 000.00	

销售负责人：王华　　　发货人：吴青　　　提货人：徐建达　　　制单：吴青

附件20-1

江苏增值税专用发票

No 08626432

开票日期：2017 年 12 月 13 日

购货单位	名称：南京博翔实业有限公司 纳税人税务识别号：320106221066221 地址、电话：宁海路521号 025-63330331 开户银行及账号：工行城中支行 430200300100211	密码区	ASD<L。/0135>´;10ASEV>XAER1 ZCNCP,L88.0-+FSEG11\LSXRS24

货物或应税劳务名称	规格	计量单位	数量	单价	金额	税率	金额
联想电脑	XPⅢ	台	2	4 000.00	8 000.00	16%	1 280.00
合 计					￥8 000.00		￥1 280.00

价税合计（大写）	⊗ 玖仟贰佰捌拾元整		（小写）￥9 280.00

销货单位	名称：南京苏宁电器有限公司 纳税人税务识别号：321000465021 地址、电话：山西路21号 025-83309188 开户银行及账号：建设银行城中支行 530019280274056	备注	

收款人：　　　　复核：　　　　开票人：李红　　　　销货单位：（章）

附件20-2

固定资产交接单

2017 年 12 月 13 日

移交单位		接收单位		财务处	
固定资产名称	方正计算机	规格		ⅧV860	
技术特征		数量		2	
附属物					
建造企业	北大方正集团	出厂或建成年月		2017.11	
安装单位	南京苏宁电器	安装完工年月		2017.12.13	
原值	￥9 280.00	其中安装费			
移交单位负责人		接收单位负责人		李明	

附件 20-3

中国工商银行 转账支票（苏）

中国工商银行
转账支票存根（苏）
XII02256×××

附加信息

出票日期　年　月　日
收款人：
金额：
用途：
单位主管　　会计

XII02256×××

出票日期(大写)：　　年　月　日　　付款行名称：
收款人：　　　　　　　　　　　　出票人账号：

人民币：	亿	千	百	十	万	千	百	十	元	角	分
（大写）											

用途＿＿＿＿
上列款项请从
我账户内支付
出票人签章　　　　　　　　复核　　　记账

02-3405-8769

附件 21-1

江苏增值税专用发票
记账联

No 05533013
开票日期 2017 年 12 月 14 日

购货单位	名称：南京市广发公司				密码区	XDS<L。/0135>´;10FSHD>XSXR9			第一联 记账联
	纳税人税务识别号：320095442302106					AVEWP,L88.0-+DREG11\LUTEW65			
	地址、电话：红山路18号　025-844291266								
	开户银行及账号：工行红山支行 430922456058321								
货物或应税劳务名称	规格	计量单位	数量	单价		金额	税率	金额	
丁材料		千克	100	280.00		28 000.00	16%	4 480.00	
合计						￥28 000.00		￥4 480.00	
价税合计（大写）	⊗ 叁万贰仟肆佰捌拾元整					（小写）￥32 480.00			
销货单位	名称：南京博翔实业有限公司				备注				
	纳税人税务识别号：320106221066221								
	地址、电话：宁海路521号　025-63330331								
	开户银行及账号：工行城中支行 430200300100211								

收款人：　　　　复核：　　　　开票人：李萍　　　　销货单位：（章）

附件 22-1

江苏省事业服务性收款收据

No 08635014

苏财准印(2015)003—015 号

交款单位及个人:南京博翔实业有限公司　　　　　收款日期:2017 年 12 月 15 日

项目	单位	数量	单价	金额									说明
				十	万	千	百	十	元	角	分	
广告费						3	0	0	0	0	0	①本收据限用于事业单位非经营性收费,其他无效。②本收据需加盖收款单位和收款人印章。
				转账								
合计人民币(大写) ⊗拾⊗万叁仟零佰零拾零元零角零分												

收款单位(章)　南京众达广告有限公司财务专用章　　　　　收款人(章)　李天

附件 22-2

南京博翔实业有限公司费用报销单

2017 年 12 月 15 日　　　　　　　记账凭证附件

发生日期		报销内容	单据张数	金额									备注
月	日			百	十	万	千	百	十	元	角	分	
12	15	广告费	1				3	0	0	0	0	0	
				转账								
合计人民币(大写)叁仟元整							¥	3	0	0	0	0	0	

主管意见　同意　王华　2017-12-15　　　　报销人签章:李明

已借现金:　　　　　　　　　　　　　　　退回现金:

复核:　　　　　记账:　　　　　出纳:宋佳

附件 22-3

中国工商银行 转账支票存根(苏) XII02256×××	中国工商银行　　转账支票（苏）　　XII02256×××
附加信息	出票日期(大写)：　年　月　日　　付款行名称： 收款人：　　　　　　　　　　　　出票人账号：
	人民币： (大写)　　亿 千 百 十 万 千 百 十 元 角 分
出票日期　年　月　日	用途_____
收款人：	
金　额：	02-3405-8769
用　途：	上列款项请从 我账户内支付
单位主管　　会计	出票人签章　　　　　　　复核　　　记账

附件 23-1

江苏增值税专用发票

No 05533014

记账联　　　　开票日期 2017 年 12 月 18 日

购货单位	名称：山东泰安机械制造有限公司	密码区	ESL<L。/0135>´;10ALEV>XAER7
	纳税人税务识别号：3218930266450162		
	地址、电话：白云路29号　0531-8677118		GFEVC,L88.0-+FKTG11\UTEYS51
	开户银行及账号：建设银行泰安分行 530928035411802		

货物或应税劳务名称	规格	计量单位	数量	单价	金额	税率	金额
A 产品	AB—5	件	500	800.00	400 000.00	16%	64 000.00
合　计					¥400 000.00		¥64 000.00

价税合计(大写)	⊗ 肆拾陆万肆仟元整	(小写) ¥464 000.00

销货单位	名称：南京博翔实业有限公司	备注
	纳税人税务识别号：320106221066221	
	地址、电话：宁海路521号　025-63330331	（南京博翔实业有限公司 320106221066221 发票专用章）
	开户银行及账号：工行城中支行 430200300100211	

收款人：　　　　复核：　　　开票人：李萍　　　销货单位：(章)

第一联　记账联

附件 23-2

江苏增值税专用发票

No 05532335
开票日期:2017 年 12 月 18 日

购货单位	名称:南京博翔实业有限公司 纳税人识别号:320106221066221 地址、电话:宁海路521号 025-63330331 开户银行及账号:工行城中支行 430200300100211		密码区	ABX<L>/0035>/;11ASER>WWER1 CIOP,L<15.0-+FGFG24W.\WERS45		
货物或应税劳务名称	规格	单位	数量	单价	金额	税率	金额
A 产品运费		千米	299.7	4.55	1 363.64	10%	136.36
合 计					¥1 363.64		¥136.36
价税合计(大写)	⊗壹仟伍佰元整				(小写)¥1 500.00		
销货单位	名称:南京吉利运输公司 纳税人税务识别号:320235890610433 地址、电话:马高路123号 025-52319322 开户银行及账号:工行城东支行 430200300100223		备注	南京吉利运输公司 320235890610433		

收款人: 复核: 开票人:王娜   销货单位发票(专用)章

附件 23-3

中国工商银行 转账支票存根(苏) XII02256××× 附加信息 出票日期 年 月 日 收款人: 金额: 用途: 单位主管 会计	中国工商银行 转账支票(苏) XII02256××× 出票日期(大写): 年 月 日 付款行名称: 收款人: 出票人账号: 人民币:(大写) 亿 千 百 十 万 千 百 十 元 角 分 用途_____ 02-3405-8769 上列款项请从 我账户内支付 出票人签章 复核 记账

附件 23-4

委托收款凭证(回单)1

委托日期:2017 年 12 月 18 日　　　委托号码:

汇款人	全称	山东泰安机械制造有限公司	收款人	全称	南京博翔实业有限公司
	账号	530928035411802		账号	430200300100211
	开户银行	建设银行泰安分行		开户银行	工行城中支行

委收金额	人民币(大写)	肆拾陆万伍仟伍佰元整	千	百	十	万	千	百	十	元	角	分
		¥				4	6	5	5	0	0	0

款项内容	销售A产品	委托收款凭证	增值税专用发票	附寄单证张数	3张

中国工商银行
城中支行
2017-12-18

备注:	款项收妥日期 2017 年 12 月 18 日	收款开户银行盖章　　月　　日

附件 23-5

销售产品发货单

运输方式:公路

购货单位:山东泰安机械制造有限公司　2017 年 12 月 18 日　　　编号:061203

产品名称	规格型号	计量单位	数量	单价	金额	备注
A 产品	AB—5	件	500	800.00	400 000.00	

销售负责人:王华　　　发货人:吴青　　　提货人:陈静　　　制单:吴青

附件 24-1

江苏增值税专用发票

No 05532399

开票日期:2017 年 12 月 19 日

购货单位	名称:南京博翔实业有限公司 纳税人识别号:320106221066221 地址、电话:宁海路 521 号 025-63330331 开户银行及账号:工行城中支行 430200300100211					密码区	ABX<L>/0035>/;12ASER>WWER1 CIOP,L<14.0-+FGFG25W.\WERS53		
货物或应税劳务名称	规格	单位	数量	单价	金额		税率	金额	
A 产品运费		千米	35.73	4.58	163.64		10%	16.36	
合 计					¥163.64			¥16.36	
价税合计(大写)	⊗壹佰捌拾元整				(小写)¥180.00				
销货单位	名称:南京吉利运输公司 纳税人税务识别号:320235890610433 地址、电话:马高路 123 号 025-52319322 开户银行及账号:工行城东支行 430200300100223					备注	现金		

收款人: 复核: 开票人:王娜   销货单位专用章

附件 24-2

南京博翔实业有限公司费用报销单

2017 年 12 月 19 日

记账凭证附件

发生日期		报销内容	单据张数	金额								备注
月	日			百	十	万	千	百	十	元	角	分
12	19	市内运费	1					1	8	0	0	0
合计人民币(大写)壹佰捌拾元整			现金付讫	¥				1	8	0	0	0

主管意见 同意 王华 2017-12-19   报销人签章:徐建达

已借现金: 退回现金:

复核: 记账: 出纳:宋佳

附件 25-1

江苏省邮电通信业(电话费)专用发票

发票代码:232000540515
发票号码:02952481
开票日期:2017-12-20

流水 7550633

电话号码	025-63330331	应交月份	2017.11	收款日戳 2017-12-20	
户名	南京博翔实业有限公司			收款员 83103	
项目	金额	项目	金额	项目	金额
基本月租	25.60	区内话费	1 274.20	长话费	1 985.80
IP 电话费	208.40	来电显示	6.00		
金额(大写)	叁仟伍佰元整		¥3 500.00	结算方式	转账

江苏省电信有限公司南京分公司
3201067482112 11
发票专用章

附件 25-2

委托收款凭证(付款通知)5

委邮

委托日期:2017 年 12 月 20 日   委托号码:

汇款人	全称	南京博翔实业有限公司	收款人	全称	江苏省电信有限公司南京分公司
	账号	430200300100211		账号	215401543400000
	开户银行	工商银行城中支行		开户银行	工商银行城中办事处

委收金额	人民币(大写)	叁仟伍佰元整	千	百	十	万	千	百	十	元	角	分
						¥	3	5	0	0	0	0

款项内容	电话费	委托收款凭证	电话费发票	附寄单证张数	1张

备注:	付款单位注意: 1.根据结算办法,上列委托收款,如在付款期限内未拒付,既视同意付款,以此联代付款通知。 2.如须提前付款或多付款,应另写书面通知送银行办理。 3.如系全部或部分拒付,应在付款期限内另填拒付理由书送银行办理。

中国工商银行
城中支行
2017-12-20

单位主管   会计   复核   记账   付款人开户行盖章   年   月   日

附件 26-1

江苏省人民医院门(急)诊医药费收费收据

No.0680826

2017 年 12 月 21 日

姓名 张建明		门(急)诊收费项目清单			
项目	金额	药品名(服务项目)	数量	单价	金额
西药	272.80	氨溴特罗口服液(100毫升,Z)	4	32.40	129.60
中成药	202.20	利巴韦林粉针	4	15.80	63.20
		先声咳喘宁	4	18.60	74.40
		其他			207.80
合计	¥475.00				
金额人民币(大写):肆佰柒拾伍元整					

(江苏省人民医院收费专用章)

附件 26-2

南京市公费医疗报销单

单位:元　　　　　　　2017 年 12 月 21 日

姓名:张建明	部门:车间	自负比例:20%	论断:扁桃体炎
			就诊医院:省人民医院
报销内容	报销金额		自负金额
药品费　中成药、西药			
检查费	475.00		
其他			
合计	380.00		95.00 现金付讫
金额(大写):叁佰捌拾元整　　　实报金额:¥380.00			
会计主管:　　审批:　　出纳:宋佳　　报销人:张建明			

单据及附件 1 页

附件27-1

江苏省南京市服务业专用发票

No 1003482

发票联

付款单位:南京博翔实业有限公司　　　　　　　　2017年12月22日

服务项目	单位	数量	单价	金额					
				千	百	十	元	角	分
中餐费					8	5	0	0	0
合计(小写)				¥	8	5	0	0	0
合计(大写)捌佰伍拾元整									

南京市小丁山美食有限公司　发票专用章

收款单位:(盖章有效)　　　　　　　　　　　开票人:刘云

附件27-2

南京博翔实业有限公司费用报销单

2017年12月22日

记账凭证附件

发生日期		报销内容	单据张数	金额								备注
月	日			百	十	万	千	百	十	元	角	分	
12	22	招待费	1					8	5	0	0	0	
						现金付讫							
合计人民币(大写)捌佰伍拾元整				¥				8	5	0	0	0	
主管意见	同意　李明　2017-12-22			报销人签章:王华									
已借现金:				退回现金:									

复核:　　　　　　记账:　　　　　　出纳:宋佳

附件 28-1

南京市邮政报纸杂志征订收费收据

订户：南京博翔实业有限公司　　　　　　　　　2017 年 12 月 23 日

报刊名称	订期	份数	金额
人民日报	2018 全年	3	
中国青年报	2018 全年	6	
南京日报	2018 全年	5	
扬子晚报	2018 全年	6	南京市邮政局发票专用章
成功营销	2018 全年	3	
经理人	2018 全年	4	
合计(大写)贰仟肆佰元整		￥2 400.00	

附件 28-2

中国工商银行 转账支票存根(苏) XII02256×××	中国工商银行　　转账支票(苏)　　XII02256×××
附加信息 _____ _____ _____	出票日期(大写)：　　年　　月　　日　　付款行名称： 收款人：　　　　　　　　　　　　　　出票人账号：
	人民币： (大写) 　亿千百十万千百十元角分
出票日期　年　月　日	用途 _____
收款人：	02-3405-8769
金额：	上列款项请从
用途：	我账户内支付
单位主管　　会计	出票人签章　　　　　　复核　　记账

附件29-1

南京市保险业专用发票

付款人:南京博翔实业有限公司	
承保险种:车间设备等	
保险单号:0010291	
保险费金额:(大写)伍仟肆佰元整　　￥5 400.00	
附注：　　南京市平安保险有限公司发票专用章	结算方式:转账
保险公司(盖章):　　　　制单:　　　　出纳:　　　　2017-12-26	

附件29-2

中国工商银行 转账支票存根(苏) XII02256×××	中国工商银行　　转账支票(苏)　　　　　　　　　XII02256×××
附加信息	出票日期(大写):　　　年　　月　　日 收款人:
	人民币: (大写)　　亿千百十万千百十元角分
出票日期　年　月　日	用途_____
收款人:	04-5345-6709
金额:	上列款项请从
用途:	我账户内支付
单位主管　　会计	出票人签章　　　　　复核　　记账

附件 30-1

扣款通知单

财务科：

  生产车间工人刘兵因违反操作规程，导致生产出现不应有的中断。为严肃劳动纪律，杜绝类似事故再次发生，经总经理办公会议研究决定，对刘兵处以罚款 120 元。请财务科在其下月工资中予以扣除。

经理办公室

2017 年 12 月 27 日

附件 31-1

银行进账单	No. 28220800			银行进账单（送票回执）1			No. 28220800		
年　月　日				年　月　日					
收款人	全称			收款人	全称		票据种类		
	账号				账号		票据张数		
	开户银行				开户银行		附件张数		
人民币合计	千百十万千百十元角分		合计金额	人民币（合计）			千百十万千百十元角分		
序号	付款人名称或账号	金额		序号	付款人名称或账号	凭证号码	金额 千百十万千百十元角分		
				1					（银行盖章）

附件31-2 （此联不作原始凭证）

中国工商银行　　转账支票(苏)

XII2256003

出票日期(大写)：贰零壹柒年拾贰月贰拾柒日　　付款行名称：农行建邺支行
收款人：南京博翔实业有限公司　　出票人账号：330003675003

人民币：贰拾贰万玖千贰佰壹拾陆元整 （大写）	亿	千	百	十	万	千	百	十	元	角	分
				¥	2	2	9	2	1	6	0	0

用途　购货

上列款项请从我账户内支付

出票人签章：南京建业机器厂财务专用章　　王利永印　　15-5230-211

复核　　记账

附件31-3

江苏增值税专用发票
记账联

No 05533014
开票日期：2017 年 12 月 27 日

购货单位	名称：南京建业机器厂 纳税人识别号：320102331122991 地址、电话：建邺路89号　025-86506379 开户银行及账号：中国农业银行 330003675003	密码区	KWL<L。/0135>´;10ADHV>XAFG5 SFGNP,L88.0-+EEDG11\HTERS32

货物或应税劳务名称	规格型号	单位	数量	单价	金额	税率	税额
B 产品	CD—3	件	260	760.00	197 600.00	16%	31 616.00
合　计					¥197 600.00		¥31 616.00

价税合计(大写)　⊗ 贰拾贰万玖仟贰佰壹拾陆元整　　（小写）¥229 216.00

销货单位	名称：南京博翔实业有限公司 纳税人识别号：320106221066221 地址、电话：宁海路521号　025-63330331 开户银行及账号：工行城中支行 430200300100211	备注	南京博翔实业有限公司 320106221066221 发票专用章

收款人：　　复核：　　开票人：李萍　　销货单位：(章)

第一联 记账联

附件31-4

销售产品发货单

购货单位:南京建业机器厂　　2017年12月27日　　运输方式:自提　　编号:061204

产品名称	规格型号	计量单位	数量	单价	金额	备注
B产品	CD—3	件	260	760.00	197 600.00	

销售负责人:王华　　发货人:吴青　　提货人:章明　　制单:吴青

附件32-1

南京博翔实业有限公司领料单

领料部门:生产车间

用途:生产A产品　　2017年12月1日　　编号:LL2017-12-0001

材料名称及规格	计量单位	数量		价格	
		请领	实领	单价	金额
甲材料	千克	20	20	1 000.00	20 000.00
乙材料	千克	5	5	3 000.00	15 000.00
备注:				合计	35 000.00

记账:　　审批人:李长华　　领料人:钱华明　　发料人:吴青

第二联 记账联

附件32-2

南京博翔实业有限公司领料单

领料部门:生产车间

用途:生产B产品　　2017年12月1日　　编号:LL2017-12-0002

材料名称及规格	计量单位	数量		价格	
		请领	实领	单价	金额
丙材料	千克	5	5	501.00	2 505.00
丁材料	千克	10	10	251.00	2 510.00
备注:				合计	5 015.00

记账:　　审批人:李长华　　领料人:钱华明　　发料人:吴青

第二联 记账联

附件32-3

南京博翔实业有限公司领料单

领料部门：生产车间
用途：生产A产品　　　　　　2017年12月4日　　　　　　编号：LL2017-12-0003

材料名称及规格	计量单位	数量		价格	
		请领	实领	单价	金额
甲材料	千克	20	20	1 000.00	20 000.00
乙材料	千克	5	5	3 000.00	15 000.00
备注：				合计	35 000.00

第二联　记账联

记账：　　　　　　审批人：李长华　　　　　领料人：钱华明　　　　　发料人：吴青

附件32-4

南京博翔实业有限公司领料单

领料部门：生产车间
用途：生产B产品　　　　　　2017年12月5日　　　　　　编号：LL2017-12-0004

材料名称及规格	计量单位	数量		价格	
		请领	实领	单价	金额
丙材料	千克	5	5	501.00	2 505.00
丁材料	千克	10	10	251.00	2 510.00
备注：				合计	5 015.00

第二联　记账联

记账：　　　　　　审批人：李长华　　　　　领料人：钱华明　　　　　发料人：吴青

附件32-5

南京博翔实业有限公司领料单

领料部门：生产车间
用途：生产A产品　　　　　　2017年12月10日　　　　　编号：LL2017-12-0005

材料名称及规格	计量单位	数量		价格	
		请领	实领	单价	金额
甲材料	千克	20	20	1 000.00	20 000.00
乙材料	千克	10	10	3 000.00	30 000.00
备注：				合计	50 000.00

第二联　记账联

记账：　　　　　　审批人：李长华　　　　　领料人：钱华明　　　　　发料人：吴青

附件 32-6

南京博翔实业有限公司领料单

领料部门：生产车间
用途：生产 B 产品　　　　2017 年 12 月 10 日　　　　编号：LL2017-12-0006

材料名称及规格	计量单位	数量		价格	
		请领	实领	单价	金额
丙材料	千克	5	5	501.00	2 505.00
丁材料	千克	15	15	251.00	3 765.00
备注：				合计	6 270.00

第二联　记账联

记账：　　　　审批人：李长华　　　　领料人：钱华明　　　　发料人：吴青

附件 32-7

南京博翔实业有限公司领料单

领料部门：厂部
用途：销售　　　　2017 年 12 月 14 日　　　　编号：LL2017-12-0007

材料名称及规格	计量单位	数量		价格	
		请领	实领	单价	金额
丁材料	千克	100	100	251.00	25 100.00
备注：				合计	25 100.00

第二联　记账联

记账：　　　　审批人：李明　　　　领料人：徐建达　　　　发料人：吴青

附件 32-8

南京博翔实业有限公司领料单

领料部门：生产车间
用途：生产 A 产品　　　　2017 年 12 月 15 日　　　　编号：LL2017-12-0008

材料名称及规格	计量单位	数量		价格	
		请领	实领	单价	金额
甲材料	千克	20	20	1 000.00	20 000.00
乙材料	千克	10	10	3 000.00	30 000.00
备注：				合计	50 000.00

第二联　记账联

记账：　　　　审批人：李长华　　　　领料人：钱华明　　　　发料人：吴青

附件 32-9

南京博翔实业有限公司领料单

领料部门：生产车间
用途：生产 B 产品　　　　2017 年 12 月 15 日　　　　编号：LL2017-12-0009

材料名称及规格	计量单位	数量		价格	
		请领	实领	单价	金额
丙材料	千克	5	5	501.00	2 505.00
丁材料	千克	15	15	251.00	3 765.00
备注：				合计	6 270.00

第二联 记账联

记账：　　　　　审批人：李长华　　　　领料人：钱华明　　　　发料人：吴青

附件 32-10

南京博翔实业有限公司领料单

领料部门：生产车间
用途：生产 A 产品　　　　2017 年 12 月 18 日　　　　编号：LL2017-12-0010

材料名称及规格	计量单位	数量		价格	
		请领	实领	单价	金额
甲材料	千克	20	20	1 000.00	20 000.00
乙材料	千克	10	10	3 000.00	30 000.00
备注：				合计	50 000.00

第二联 记账联

记账：　　　　　审批人：李长华　　　　领料人：钱华明　　　　发料人：吴青

附件 32-11

南京博翔实业有限公司领料单

领料部门：生产车间
用途：生产 B 产品　　　　2017 年 12 月 20 日　　　　编号：LL2017-12-0011

材料名称及规格	计量单位	数量		价格	
		请领	实领	单价	金额
丙材料	千克	5	5	501.00	2 505.00
丁材料	千克	10	10	251.00	2 510.00
备注：				合计	5 015.00

第二联 记账联

记账：　　　　　审批人：李长华　　　　领料人：钱华明　　　　发料人：吴青

附件32-12

南京博翔实业有限公司领料单

领料部门:生产车间
用途:生产 A 产品　　　　　2017 年 12 月 21 日　　　　　编号:LL2017-12-0012

材料名称及规格	计量单位	数量		价格	
		请领	实领	单价	金额
甲材料	千克	20	20	1 000.00	20 000.00
乙材料	千克	10	10	3 000.00	30 000.00
备注:				合计	50 000.00

记账:　　　　　审批人:李长华　　　　　领料人:钱华明　　　　　发料人:吴青

第二联　记账联

附件32-13

南京博翔实业有限公司领料单

领料部门:生产车间
用途:生产 A 产品　　　　　2017 年 12 月 23 日　　　　　编号:LL2017-12-0013

材料名称及规格	计量单位	数量		价格	
		请领	实领	单价	金额
甲材料	千克	10	10	1 000.00	10 000.00
乙材料	千克	5	5	3 000.00	15 000.00
备注:				合计	25 000.00

记账:　　　　　审批人:李长华　　　　　领料人:钱华明　　　　　发料人:吴青

第二联　记账联

附件32-14

南京博翔实业有限公司领料单

领料部门:生产车间
用途:生产 A 产品　　　　　2017 年 12 月 25 日　　　　　编号:LL2017-12-0014

材料名称及规格	计量单位	数量		价格	
		请领	实领	单价	金额
甲材料	千克	10	10	1 000.00	10 000.00
乙材料	千克	5	5	3 000.00	15 000.00
备注:				合计	25 000.00

记账:　　　　　审批人:李长华　　　　　领料人:钱华明　　　　　发料人:吴青

第二联　记账联

附件32-15

南京博翔实业有限公司领料单

领料部门：生产车间
用途：生产B产品　　　　　2017年12月25日　　　　　编号：LL2017-12-0015

材料名称及规格	计量单位	数量		价格	
		请领	实领	单价	金额
丙材料	千克	5	5	501.00	2 505.00
丁材料	千克	12	12	251.00	3 012.00
备注：				合计	5 517.00

第二联　记账联

记账：　　　　　审批人：李长华　　　　领料人：钱华明　　　　发料人：吴青

附件32-16

南京博翔实业有限公司发料凭证汇总表

年　月　日　　　　　　　　　　　　　　附单据　　张

领料部门	材料名称	用途	计量单位	领用数量	单价	金额
合计						

会计主管：　　　　　　　　审核：　　　　　　　　制单：

附件33-1

南京博翔实业有限公司工资费用分配表

2017年12月31日　　　　　　　　　　　　　　　　　　　单位:元

部门	人员分类	应分配金额	备注
生产车间	车间工人(A产品)		
	车间工人(B产品)		
生产车间	车间管理		
厂部	管理人员		
合　计			

会计主管：　　　　　　　　审核：　　　　　　　　制单：

附件34-1

南京博翔实业有限公司职工福利费计算表

2017年12月31日　　　　　　　　　　　　　　　　　　　单位:元

部门	人员分类	计提基数（工资总额）	计提比例	计提金额	备注
生产车间	车间工人(A产品)		14%		
	车间工人(B产品)		14%		
生产车间	车间管理		14%		
厂部	管理人员		14%		
合　计					

会计主管：　　　　　　　　审核：　　　　　　　　制单：

附件35-1

南京博翔实业有限公司固定资产折旧计算表

2017年12月31日　　　　　　　　　　　　　　　　　　　单位:元

固定资产项目	原　值	年折旧率	年折旧额	月折旧额	备　注
生产用:厂房、机器设备	1 200 000.00	3.2%			
非生产用:办公用房设备	200 000.00	2.4%			
合　　计	1 400 000.00				

会计主管:　　　　　　　　　　　审核:　　　　　　　　　　　制单:

附件36-1

南京博翔实业有限公司待摊费用计算表

2017年12月31日　　　　　　　　　　　　　　　　　　　单位:元

预付项目	预付总额	计划分摊期	已发生额	本期发生额	未发生额
车间财产保险费	5 400.00	6个月			
行政部门报刊订阅费	2 400.00	12个月			
合　　计	7 800.00				

会计主管:　　　　　　　　　　　审核:　　　　　　　　　　　制单:

附件37-1

南京博翔实业有限公司短期借款利息计算表

2017 年 12 月 31 日　　　　　　　　　　　　　　　　　　单位:元

借款项目	借款日期	金额	年利率	应提利息	备注
流动资金	2017年12月8日	500 000.00	6.9%		
合　　计		50 000.00			

会计主管:　　　　　　　　　　审核:　　　　　　　　　　制单:

附件38-1

江苏省普通用户水费统一发票
发票联
2220 （02）

苏宁字 JA1No 9782415

总户号:112　　　　　　　　段户号:211

12月

户　　名	南京博翔实业有限公司			
地　　址	宁海路521号			
本月示数	上月示数	水　量	单　价	金额/元
3 105	1 905	1 200	1.6	1 920.00
金额:⊗万壹仟玖佰贰拾零元零角零分				

抄表员:孙民　　　　　　　制据日期:2017-12-26

附件38-2

南京博翔实业有限公司水、电费用分配表
2017 年 12 月 31 日

费用项目						使用单位					
水费			电费			厂部			车间		
水量	单价	金额	电量	单价	金额	水量	单价	金额	水量	单价	金额
1 200	1.60					300	1.60		900	1.60	
合计											

会计主管：　　　　　　　　　审核：　　　　　　　　　制单：

附件39-1

江苏省普通用户电费统一发票
发票联
2220　　　　　　　　　（02）

苏宁字 JA1No　9782415

总户号:112　　　　　　　段户号:211

				12月
户　　名	南京博翔实业有限公司			
地　　址	宁海路521号			
本月示数	上月示数	电　量	单　价	金额/元
37 000	32 000	5 000	0.60	3 000.00
金　额:⊗万壹仟玖佰贰拾零角零分				

抄表员:李文　　　　　　　　制据日期:2017-12-27

附件39-2

南京博翔实业有限公司水、电费用分配表

2017年12月31日

费用项目							使用单位					
水费			电费			其他	厂部			车间		
水量	单价	金额	电量	单价	金额		水量	单价	金额	水量	单价	金额
			5 000	0.60			700	0.60		4 300	0.60	
合计												

会计主管：　　　　　　　　审核：　　　　　　　　制单：

附件40-1

南京博翔实业有限公司制造费用分配表

部门：　　　　　　　　　　　年　月　日　　　　　　　　　　单位：元

分配对象	分配标准 （生产工人工资）	分配率	分配金额
A产品			
B产品			
合　计			

会计主管：　　　　　　　　审核：　　　　　　　　制单：

附件41-1

南京博翔实业有限公司产成品入库单

2017年12月10日　　　　　　编号：RK2017-12-10-0001

产品名称	计量单位	入库数量	单位成本	金额/元
A产品	件	200		
B产品	件	50		
合计				

第二联　记账联

记账：　　　　　　经手人：徐建达　　　　　　保管人：吴青

附件41-2

南京博翔实业有限公司产成品入库单

2017年12月15日　　　　　　　　编号：RK2017-12-15-0002

产品名称	计量单位	入库数量	单位成本	金额/元
A产品	件	500		
B产品	件	50		
合计				

第二联　记账联

记账：　　　　　经手人：徐建达　　　　　保管人：吴青

附件41-3

南京博翔实业有限公司产成品入库单

2017年12月26日　　　　　　　　编号：RK2017-12-26-0003

产品名称	计量单位	入库数量	单位成本	金额/元
A产品	件	200		
B产品	件	50		
合计				

第二联　记账联

记账：　　　　　经手人：徐建达　　　　　保管人：吴青

附件41-4

南京博翔实业有限公司完工产品成本计算表

产品名称：A产品　　　　　　年　月　日　　　　　　单位：元

	数量	直接材料	直接人工	制造费用	总成本
月初在产品成本					
本月发生额					
合计					
分配率					
本月完工产品成本					
月末在产品成本					

会计主管：　　　　　　　审核：　　　　　　　制单：

附件41-5

南京博翔实业有限公司完工产品成本计算表

产品名称：B产品　　　　　　　　　年　月　日　　　　　　　　　单位：元

	数量	直接材料	直接人工	制造费用	总成本
月初在产品成本					
本月发生额					
合计					
分配率					
本月完工产品成本					
月末在产品成本					

会计主管：　　　　　　　　审核：　　　　　　　　制单：

附件42-1

南京博翔实业有限公司产品出库单

2017年12月9日　　　　　　　　　　　编号：CK2017-12-0001

产品名称及规格	计量单位	数量		单价	金额	用途
		要数	实发			
A产品	件	100	100			销售
备注：南京建业机器厂				合计		

第二联　记账联

记账：　　　　审批人：李明　　　　领料人：徐建达　　　　发料人：吴青

附件42-2

南京博翔实业有限公司产品出库单

2017年12月13日　　　　　　　　　　编号：CK2017-12-0002

产品名称及规格	计量单位	数量		单价	金额	用途
		要数	实发			
A产品	件	400	400			销售
备注：安徽六安机械厂				合计		

第二联　记账联

记账：　　　　审批人：李明　　　　领料人：徐建达　　　　发料人：吴青

附件42-3

南京博翔实业有限公司产品出库单

2017年12月18日　　　　　　　　　编号：CK2017-12-0003

产品名称及规格	计量单位	数量		单价	金额	用途
		要数	实发			
A产品	件	500	500			销售
备注：山东泰安机械制造有限公司						

第二联　记账联

记账：　　　　　审批人：李明　　　　　领料人：徐建达　　　　　发料人：吴青

附件42-4

南京博翔实业有限公司产品出库单

2017年12月27日　　　　　　　　　编号：CK2017-12-0004

产品名称及规格	计量单位	数量		单价	金额	用途
		要数	实发			
B产品	件	260	260			销售
备注：南京建业机器厂			合计			

第二联　记账联

记账：　　　　　审批人：李明　　　　　领料人：徐建达　　　　　发料人：吴青

附件42-5

南京博翔实业有限公司产品销售成本计算表

年　　月　　日　　　　　　　　　　　　　　　　单位：元

产品名称	上月库存		本月入库		合计			本月减少		月末库存	
	数量	金额	数量	金额	数量	金额	平均价	销售		数量	金额
								数量	金额		
合计											

会计主管：　　　　　　　　　审核：　　　　　　　　　制单：

附件43-1

南京博翔实业有限公司应交增值税计算表

年 月 日至 年 月 日　　　　　　　单位:元

项　　目			销售额	税额	备注
销项税	应税货物	货物名称	适用税率/%		
		小计			
	应税劳务				
进项税	本期进项税额发生额				
	进项税额转出				
应纳税额					

会计主管：　　　　　审核：　　　　　制单：

附件43-2

南京博翔实业有限公司应交城市维护建设税计算表

年 月 日至 年 月 日　　　　　　　单位:元

项目	计税基数 增值税	税率	应交城市维护建设税
	1	2	3＝1×2
城市维护建设税		7%	
合计			

会计主管：　　　　　审核：　　　　　制单：

附件43-3

南京博翔实业有限公司应交教育费附加和地方教育附加计算表

年 月 日至 年 月 日　　　　　　　　　　单位:元

项目	计税基数 增值税	征收率	应交教育费附加和地方教育附加
	1	2	3 = 1×2
教育费附加		3%	
地方教育附加		2%	
合计			

会计主管：　　　　　　审核：　　　　　　制单：

附件45-1

南京博翔实业有限公司企业所得税计算表

年 月 日至 年 月 日　　　　　　　　　　单位:元

项目	本月数
一、主营业务收入	
减:折扣与折让	
主营业务成本	
加:其他业务利润(亏损以"-"号填列)	
减:税金及附加	
销售费用	
管理费用	
财务费用	
二、营业利润(亏损以"-"号填列)	
加:投资收益(损失以"-"号填列)	
营业外收入	
减:营业外支出	
三、利润总额(亏损以"-"号填列)	
加:纳税调整增加额	
减:纳税调整减少额	
四、应纳税所得额	
适用税率	
五、应纳所得税额	

会计主管：　　　　　　审核：　　　　　　制单：

附件 47-1

南京博翔实业有限公司提取盈余公积计算表

年　月　日　　　　　　　　　　　　　　　　　　单位:元

项目	计提依据 税后利润金额	提取率	应提金额	备注
法定盈余公积		10%		
合计				

会计主管：　　　　　　　　审核：　　　　　　　　制单：

附件 48-1

南京博翔实业有限公司应付利润计算表

年　月　日　　　　　　　　　　　　　　　　　　单位:元

项目	分配依据 税后利润金额	提取率	应提金额	备注
应付利润		50%		
合计				

会计主管：　　　　　　　　审核：　　　　　　　　制单：

附件50-1

中国工商银行客户存款对账单

网点号:0110　　2017年　　币种:人民币(本位币)　　单位:元　　页号:16　　打印日期:2017-12-31

账号:4302003001002　　　　户名:南京博翔实业有限公司　　　　上页余额:674 500.50

日期	交易类型	凭证种类	凭证号	对方户名	摘要	借方发生额	贷方发生额	余额	记账信息
12.03	转账	电汇凭证				649 600.00		24 900.50	
12.06	转账	转账支票					300 000.00	324 900.50	
12.06	现金	现金支票				40 000.00		284 900.50	
12.06	转账				税款	12 367.22		272 533.28	
12.06	转账				税款	1 484.07		271 049.21	
12.08	转账	委托付款			工资	77 480.00		193 569.21	
12.08	转账	特种转账					500 000.00	693 569.21	
12.08	转账	电汇凭证				465 000.00		228 569.21	
12.08	转账	手续费凭证				50.00		228 519.21	
12.08	转账	转账支票					92 800.00	321 319.21	
12.10	转账	转账支票				1 600.00		319 719.21	
12.10	转账	转账支票				2 400.00		317 319.21	
12.11	转账	电汇					56 000.00	373 319.21	
12.12	转账	转账支票				10 000.00		363 319.21	
12.12	转账	电汇					300 000.00	663 319.21	
12.14	转账	转账支票				9 280.00		654 039.21	
12.16	转账	转账支票				3 000.00		651 039.21	
12.19	转账	转账支票				1 500.00		649 539.21	
12.20	转账	委托付款				3 500.00		646 039.21	
12.28	转账	转账支票					229 216.00	875 255.21	

截至2017年12月31日,账户余额(银行对账单余额):875 255.21,保留余额:0.00,冻结余额:0.00,透支余额(银行存款日记账余额):0.00,可用余额:875 255.21。

附件 50-2

银行存款余额调节表

单位日记账				银行对账单			
调整前余额				调整前余额			
加:银行已收企业未收		减:银行已付企业未付		加:企业已收银行未收		减:企业已付银行未付	
记账日期	记账金额	记账日期	记账金额	记账日期	记账金额	记账日期	记账金额
合 计				合 计			
调整后余额				调整后余额			

审核人：　　　　　　　　　　　　　　　　　　制表人：

第 5 章

参考答案

5.1 业务题参考答案

业务1. 借:在途物资——甲材料　　　　　　　　　　　　200 000.00
　　　　　　　　——乙材料　　　　　　　　　　　　360 000.00
　　　　　　应交税费——应交增值税(进项税额)　　　　89 600.00
　　　　　贷:银行存款——工商银行　　　　　　　　　　649 600.00

业务2. 借:银行存款　　　　　　　　　　　　　　　　　　300 000.00
　　　　　贷:实收资本——黎明公司　　　　　　　　　　　300 000.00

业务3. 借:原材料——甲材料　　　　　　　　　　　　　　200 000.00
　　　　　　　　——乙材料　　　　　　　　　　　　360 000.00
　　　　　贷:在途物资——甲材料　　　　　　　　　　　　200 000.00
　　　　　　　　　　　——乙材料　　　　　　　　　　　360 000.00

业务4. 借:库存现金　　　　　　　　　　　　　　　　　　40 000.00
　　　　　贷:银行存款——工商银行　　　　　　　　　　　40 000.00

业务5. 借:应交税费——未交增值税　　　　　　　　　　　12 367.22
　　　　　贷:银行存款——工商银行　　　　　　　　　　　12 367.22
　　　　借:应交税费——应交城市维护建设税　　　　　　　865.71
　　　　　　　　　　——应交教育费附加　　　　　　　　371.02
　　　　　　　　　　——应交地方教育附加　　　　　　　247.34

	贷:银行存款——工商银行	1 484.07
业务6.	借:其他应收款——王华	1 500.00
	贷:库存现金	1 500.00
业务7.	借:在途物资——丙材料	300 600.00
	——丁材料	100 400.00
	应交税费——应交增值税(进项税额)	64 000.00
	贷:应付账款——无锡惠园公司	465 000.00
	借:原材料——丙材料	300 600.00
	——丁材料	100 400.00
	贷:在途物资——丙材料	300 600.00
	——丁材料	100 400.00
业务8.	借:应付职工薪酬——工资	77 480.00
	贷:银行存款	77 480.00
业务9.	借:银行存款——工商银行	500 000.00
	贷:短期借款——工商银行	500 000.00
业务10.	借:应付账款——无锡惠园公司	465 000.00
	贷:银行存款——工商银行	465 000.00
	借:财务费用——手续费	50.00
	贷:银行存款——工商银行	50.00
业务11.	借:管理费用——办公费	840.00
	贷:库存现金	840.00
业务12.	借:银行存款——工商银行	92 800.00
	贷:主营业务收入——A产品	80 000.00
	应交税费——应交增值税(销项税额)	12 800.00
业务13.	借:应付账款——自来水公司	1 600.00
	贷:银行存款——工商银行	1 600.00
业务14.	借:应付账款——供电公司	2 400.00
	贷:银行存款——工商银行	2 400.00
业务15.	借:库存现金	40.00
	管理费用——差旅费	1 460.00
	贷:其他应收款——王华	1 500.00
业务16.	借:银行存款——工商银行	56 000.00
	贷:应收账款——杭州金鑫公司	56 000.00
业务17.	借:营业外支出——捐赠	10 000.00
	贷:银行存款——工商银行	10 000.00
业务18.	借:银行存款——工商银行	300 000.00
	贷:预收账款——安徽六安机械厂	300 000.00

业务19. 借:预收账款——安徽六安机械厂　　　　　　　　371 400.00
　　　　贷:主营业务收入——A产品　　　　　　　　　　　320 000.00
　　　　　　应交税费——应交增值税(销项税额)　　　　　　51 200.00
　　　　　　库存现金　　　　　　　　　　　　　　　　　　　200.00

业务20. 借:固定资产　　　　　　　　　　　　　　　　　　　8 000.00
　　　　　　应交税费——应交增值税(进项税额)　　　　　　1 280.00
　　　　贷:银行存款——工商银行　　　　　　　　　　　　9 280.00

业务21. 借:应收账款——广发公司　　　　　　　　　　　　32 480.00
　　　　贷:其他业务收入——材料销售　　　　　　　　　　28 000.00
　　　　　　应交税费——应交增值税(销项税额)　　　　　　4 480.00

业务22. 借:销售费用——广告费　　　　　　　　　　　　　3 000.00
　　　　贷:银行存款——工商银行　　　　　　　　　　　　3 000.00

业务23. 借:应收账款——泰安机械制造有限公司　　　　　　465 500.00
　　　　贷:主营业务收入——A产品　　　　　　　　　　　400 000.00
　　　　　　应交税费——应交增值税(销项税额)　　　　　　64 000.00
　　　　　　银行存款——工商银行　　　　　　　　　　　　1 500.00

业务24. 借:销售费用——运费　　　　　　　　　　　　　　180.00
　　　　贷:库存现金　　　　　　　　　　　　　　　　　　180.00

业务25. 借:管理费用——电话费　　　　　　　　　　　　　3 500.00
　　　　贷:银行存款——工商银行　　　　　　　　　　　　3 500.00

业务26. 借:应付职工薪酬——职工福利费　　　　　　　　　380.00
　　　　贷:库存现金　　　　　　　　　　　　　　　　　　380.00

业务27. 借:管理费用——业务招待费　　　　　　　　　　　850.00
　　　　贷:库存现金　　　　　　　　　　　　　　　　　　850.00

业务28. 借:预付账款——报刊费　　　　　　　　　　　　　2 400.00
　　　　贷:银行存款——工商银行　　　　　　　　　　　　2 400.00

业务29. 借:预付账款——财产保险费　　　　　　　　　　　5 400.00
　　　　贷:银行存款——工商银行　　　　　　　　　　　　5 400.00

业务30. 借:其他应收款——刘兵　　　　　　　　　　　　　120.00
　　　　贷:营业外收入——罚款　　　　　　　　　　　　　120.00

业务31. 借:银行存款——工商银行　　　　　　　　　　　　229 216.00
　　　　贷:主营业务收入——B产品　　　　　　　　　　　197 600.00
　　　　　　应交税费——应交增值税(销项税额)　　　　　　31 616.00

业务32.

南京博翔实业有限公司发料凭证汇总表

2017 年 12 月 31 日　　　　　　　　　　　　　　　附单据 15 张

领料部门	材料名称	用途	计量单位	领用数量	单价	金额/元
生产车间	甲材料	A产品	千克	140	1 000.00	140 000.00
生产车间	乙材料	A产品	千克	60	3 000.00	180 000.00
生产车间	丙材料	B产品	千克	30	501.00	15 030.00
生产车间	丁材料	B产品	千克	72	251.00	18 072.00
厂部	丁材料	销售	千克	100	251.00	25 100.00
合计						378 202.00

会计主管：　　　　　　　　审核：　　　　　　　　制单：

借:生产成本——A产品　　　　　　　　　　320 000.00
　　　　　　——B产品　　　　　　　　　　 33 102.00
　　其他业务成本——材料销售　　　　　　　25 100.00
　贷:原材料——甲材料　　　　　　　　　　140 000.00
　　　　　——乙材料　　　　　　　　　　180 000.00
　　　　　——丙材料　　　　　　　　　　 15 030.00
　　　　　——丁材料　　　　　　　　　　 43 172.00

业务33.

南京博翔实业有限公司工资费用分配表

2017 年 12 月 31 日　　　　　　　　　　　　　　　单位:元

部门	人员分类	应分配金额	备注
生产车间	车间工人(A产品)	32 310.00	
生产车间	车间工人(B产品)	13 800.00	
生产车间	车间管理	8 410.00	
厂部	管理人员	22 960.00	
合计		77 480.00	

会计主管：　　　　　　　　审核：　　　　　　　　制单：

借:生产成本——A产品　　　　　　　　　　32 310.00
　　　　　　——B产品　　　　　　　　　　13 800.00
　　制造费用——工资及福利费　　　　　　　8 410.00
　　管理费用——工资及福利费　　　　　　22 960.00

　　　　贷：应付职工薪酬——工资　　　　　　　　　　　　　77 480.00

业务 34.

南京博翔实业有限公司职工福利费计算表

2017 年 12 月 31 日　　　　　　　　　　　　　　　　　　单位：元

部门	人员分类	计提基数 （工资总额）	计提比例	计提金额	备注
生产车间	车间工人（A 产品）	32 310.00	14%	4 523.40	
	车间工人（B 产品）	13 800.00	14%	1 932.00	
生产车间	车间管理	8 410.00	14%	1 177.40	
厂部	管理人员	22 960.00	14%	3 214.40	
合　计		77 480.00	14%	10 847.20	

会计主管：　　　　　　　　　　审核：　　　　　　　　　制单：

　　借：生产成本——A 产品　　　　　　　　　　　　　　4 523.40
　　　　　　　　　——B 产品　　　　　　　　　　　　　1 932.00
　　　　制造费用——工资及福利费　　　　　　　　　　　1 177.40
　　　　管理费用——工资及福利费　　　　　　　　　　　3 214.40
　　　　贷：应付职工薪酬——职工福利费　　　　　　　　10 847.20

业务 35.

南京博翔实业有限公司固定资产折旧计算表

2017 年 12 月 31 日　　　　　　　　　　　　　　　　　　单位：元

固定资产项目	原　值	年折旧率	年折旧额	月折旧额	备注
生产用：厂房、机器设备	1 200 000.00	3.2%	38 400.00	3 200.00	
非生产用：办公用房设备	200 000.00	2.4%	4 800.00	400.00	
合　计	1 400 000.00		43 200.00	3 600.00	

会计主管：　　　　　　　　　　审核：　　　　　　　　　制单：

　　借：制造费用——折旧费　　　　　　　　　　　　　　3 200.00
　　　　管理费用——折旧费　　　　　　　　　　　　　　400.00
　　　　贷：累计折旧　　　　　　　　　　　　　　　　　3 600.00

业务 36.

南京博翔实业有限公司待摊费用计算表

2017 年 12 月 31 日　　　　　　　　　　　　　　　　　　单位:元

预付项目	预付总额	计划分摊期	已发生额	本期发生额	未发生额
车间财产保险费	5 400.00	6 个月	4 500.00	900.00	0
行政部门报刊订阅费	2 400.00	12 个月	2 200.00	200.00	0
合　　　计	7 800.00		6 700.00	1 100.00	0

会计主管：　　　　　　　审核：　　　　　　　制单：

借:制造费用——保险费　　　　　　　　　　900.00
　　管理费用——其他　　　　　　　　　　　200.00
　　贷:预付账款——财产保险费　　　　　　　　900.00
　　　　　　　——报刊费　　　　　　　　　　200.00

业务 37.

南京博翔实业有限公司短期借款利息计算表

2017 年 12 月 31 日　　　　　　　　　　　　　　　　　　单位:元

借款项目	借款日期	金额	年利率	应提利息	备注
流动资金	2017 年 12 月 8 日	500 000.00	6.9%	2 204.17	
合　　　计		500 000.00		2 204.17	

会计主管：　　　　　　　审核：　　　　　　　制单：

借:财务费用——利息　　　　　　　　　　2 204.17
　　贷:应付利息　　　　　　　　　　　　　　2 204.17
（按 23 天计算）

业务38.

南京博翔实业有限公司水、电费用分配表
2017年12月31日

费用项目						使用单位					
水费			电费			厂部			车间		
水量	单价	金额	电量	单价	金额	水量	单价	金额	水量	单价	金额
1200	1.60	1 920.00				300	1.60	480.00	900	1.60	1 440.00
合计		1 920.00						480.00			1 440.00

会计主管：　　　　　　　　　审核：　　　　　　　　　制单：

借：制造费用——水电费　　　　　　　　　　1 440.00
　　管理费用——水电费　　　　　　　　　　　480.00
　　贷：应付账款——自来水公司　　　　　　　1 920.00

业务39.

南京博翔实业有限公司水、电费用分配表
2017年12月31日

费用项目							使用单位					
水费			电费			其他	厂部			车间		
水量	单价	金额	电量	单价	金额		水量	单价	金额	水量	单价	金额
			5 000	0.60	3 000.00		700	0.60	420.00	4 300	0.60	2 580.00
合计					3 000.00				420.00			2 580.00

会计主管：　　　　　　　　　审核：　　　　　　　　　制单：

借：制造费用——水电费　　　　　　　　　　2 580.00
　　管理费用——水电费　　　　　　　　　　　420.00
　　贷：应付账款——供电公司　　　　　　　　3 000.00

业务40.

南京博翔实业有限公司制造费用分配表

部门:生产车间　　　　　　2017年12月31日　　　　　　　　　　单位:元

分配对象	分配标准 (生产工人工资)	分配率	分配金额
A产品	32 310.00	0.384 0	12 407.85
B产品	13 800.00	0.384 0	5 299.55
合　计	46 110.00	0.384 0	17 707.40

会计主管:　　　　　　审核:　　　　　　制单:

借:生产成本——A产品　　　　　　　　　　　　12 407.85
　　　　　——B产品　　　　　　　　　　　　　5 299.55
贷:制造费用　　　　　　　　　　　　　　　　17 707.40

业务41.

南京博翔实业有限公司完工产品成本计算表

产品名称:A产品　　　　　2017年12月31日　　　　　　　　　　单位:元

	数量	直接材料	直接人工	制造费用	总成本
月初在产品成本		140 000.00	12 005.40	8 575.32	160 580.72
本月发生额		320 000.00	36 833.40	12 407.85	369 241.25
合计	900	460 000.00	48 838.80	20 983.17	529 821.97
分配率					
本月完工产品成本	900	460 000.00	48 838.80	20 983.17	529 821.97
月末在产品成本					

会计主管:　　　　　　审核:　　　　　　制单:

南京博翔实业有限公司完工产品成本计算表

产品名称:B产品　　　　　2017年12月31日　　　　　　　　　　单位:元

	数量	直接材料	直接人工	制造费用	总成本
月初在产品成本		25 935.00	5 233.20	3 416.28	34 584.48
本月发生额		33 102.00	15 732.00	5 299.55	54 133.55
合计	150	59 037.00	20 965.20	8 715.83	88 718.03
分配率					
本月完工产品成本	150	59 037.00	20 965.20	8 715.83	88 718.03
月末在产品成本					

会计主管:　　　　　　审核:　　　　　　制单:

借:库存商品——A 产品　　　　　　　　　　　　　　529 821.97
　　　　　　——B 产品　　　　　　　　　　　　　　 88 718.03
　　贷:生产成本——A 产品　　　　　　　　　　　　　529 821.97
　　　　　　——B 产品　　　　　　　　　　　　　　 88 718.03

业务 42.

南京博翔实业有限公司产品销售成本计算表

2017 年 12 月 31 日　　　　　　　　　　　　　　　　　　　单位:元

产品名称	上月库存		本月入库		合计		平均价	本月减少 销售		月末库存	
	数量	金额	数量	金额	数量	金额		数量	金额	数量	金额
A 产品	700	419 510.00	900	529 821.97	1 600	949 331.97	593.33	1 000	593 332.48	600	355 999.52
B 产品	150	81 090.00	150	88 718.03	300	169 808.03	566.03	260	147 166.96	40	22 641.04
合计		500 600.00		618 540.00		1 119 140.00			740 499.44		378 640.56

会计主管:　　　　　　　审核:　　　　　　　制单:

借:主营业务成本——A 产品　　　　　　　　　　　　593 332.48
　　　　　　　　——B 产品　　　　　　　　　　　　147 166.96
　　贷:库存商品——A 产品　　　　　　　　　　　　　593 332.48
　　　　　　——B 产品　　　　　　　　　　　　　　147 166.96

业务 43.

南京博翔实业有限公司应交增值税计算表

2017 年 12 月 1 日至 2017 年 12 月 31 日　　　　　　　　　单位:元

项　目				销售额	税额	备注
销项税	应税货物	货物名称	适用税率/%			
		A 产品	16	800 000.00	128 000.00	
		B 产品	16	197 600.00	31 616.00	
		丁材料	16	28 000.00	4 480.00	
		小计		1 025 600.00	164 096.00	
	应税劳务					
进项税	本期进项税额发生额				154 880.00	
	进项税额转出					
	应纳税额				9 216.00	

会计主管:　　　　　　　审核:　　　　　　　制单:

南京博翔实业有限公司应交城市维护建设税计算表

2017 年 12 月 1 日至 2017 年 12 月 31 日　　　　　　　　　　单位:元

项目	计税基数 增值税	税率	应交城市维护建设税
	1	2	3 = 1×2
城市维护建设税	9 216.00	7%	645.12
合计			645.12

会计主管:　　　　　　　审核:　　　　　　　制单:

南京博翔实业有限公司应交教育费附加或地方教育附加计算表

2017 年 12 月 1 日至 2017 年 12 月 31 日　　　　　　　　　　单位:元

项目	计税基数 增值税	税率	应交教育费附加或地方教育附加
	1	2	3 = 1×2
教育费附加	9 216.00	3%	276.48
地方教育附加	9 216.00	2%	184.32
合计			460.80

会计主管:　　　　　　　审核:　　　　　　　制单:

借:应交税费——应交增值税(转出未交增值税)　　　9 216.00
　　贷:应交税费——未交增值税　　　　　　　　　　9 216.00
借:税金及附加　　　　　　　　　　　　　　　　　1 105.92
　　贷:应交税费——应交城市维护建设税　　　　　　645.12
　　　　　　——应交教育费附加　　　　　　　　　276.48
　　　　　　——应交地方教育附加　　　　　　　　184.32

业务44.
借:主营业务收入　　　　　　　　　　　　　　　997 600.00
　　其他业务收入　　　　　　　　　　　　　　　28 000.00
　　营业外收入　　　　　　　　　　　　　　　　120.00
　　贷:本年利润　　　　　　　　　　　　　　　1 025 720.00
借:本年利润　　　　　　　　　　　　　　　　　816 463.93
　　贷:主营业务成本　　　　　　　　　　　　　740 499.44
　　　　税金及附加　　　　　　　　　　　　　1 105.92

其他业务成本	25 100.00
营业外支出	10 000.00
管理费用	34 324.40
财务费用	2 254.17
销售费用	3 180.00

业务 45.

南京博翔实业有限公司企业所得税计算表

2017 年 12 月 1 日至 2017 年 12 月 31 日　　　　　　　　单位:元

项　　目	本　月　数
一、主营业务收入	997 600.00
减:折扣与折让	
主营业务成本	740 499.44
加:其他业务利润(亏损以"-"号填列)	2 900.00
减:税金及附加	1 105.92
销售费用	3 180.00
管理费用	34 324.40
财务费用	2 254.17
二、营业利润(亏损以"-"号填列)	219 136.07
加:投资收益(损失以"-"号填列)	
营业外收入	120.00
减:营业外支出	10 000.00
三、利润总额(亏损以"-"号填列)	209 256.07
加:纳税调整增加额	
减:纳税调整减少额	
四、应纳税所得额	209 256.07
适用税率	25%
五、应纳所得税额	52 314.02

会计主管:　　　　　　　审核:　　　　　　　制单:

借:所得税费用　　　　　　　　　　　　52 314.02
　　贷:应交税费——应交所得税　　　　　　52 314.02
借:本年利润　　　　　　　　　　　　　52 314.02
　　贷:所得税费用　　　　　　　　　　　　52 314.02

业务 46.

借:本年利润 156 942.05
　　贷:利润分配——未分配利润 156 942.05

业务 47.

南京博翔实业有限公司提取盈余公积计算表

年　　月　　日　　　　　　　　　　　　　　　　　　　　单位:元

项目	计提依据	提取率	应提金额	备注
	税后利润金额			
法定盈余公积	156 942.05	10%	15 694.21	
合计			15 694.21	

会计主管:　　　　　　　　审核:　　　　　　　　制单:

借:利润分配——提取法定盈余公积 15 694.21
　　贷:盈余公积——法定盈余公积 15 694.21

业务 48.

南京博翔实业有限公司应付利润计算表

年　　月　　日　　　　　　　　　　　　　　　　　　　　单位:元

项目	计提依据	提取率	应提金额	备注
	税后利润金额			
应付利润	156 942.05	50%	78 471.03	
合计			78 471.03	

会计主管:　　　　　　　　审核:　　　　　　　　制单:

借:利润分配——应付股利 78 471.03
　　贷:应付股利 78 471.03

业务 49.

借:利润分配——未分配利润 94 165.24
　　贷:利润分配——提取法定盈余公积 15 694.21
　　　　利润分配——应付股利 78 471.03

业务 50.

银行存款余额调节表

单位日记账				银行对账单			
调整前余额	867 455.21			调整前余额	875 255.21		
加:银行已收企业未收		减:银行已付企业未付		加:企业已收银行未收		减:企业已付银行未付	
记账日期	记账金额	记账日期	记账金额	记账日期	记账金额	记账日期	记账金额
						2017-12-23	2 400.00
						2017-12-26	5 400.00
合 计				合 计			7 800.00
调整后余额	867 455.21			调整后余额	867 455.21		

审核人:　　　　　　　　　　　　　　　　制表人:

5.2 试算平衡表参考答案

5.2.1 期初余额试算平衡表

单位:元

科目	借方	贷方
库存现金	600.00	
银行存款	674 624.17	
应收账款	56 000.00	
预付账款	1 100.00	
其他应收款		
坏账准备		2 000.00
在途物资		
原材料	151 534.00	
库存商品	500 600.00	
固定资产	1 400 000.00	
累计折旧		129 600.00

续表

科目	借方	贷方
短期借款		
应付账款		328 715.00
应付职工薪酬		19 820.00
应交税费		13 851.29
应付利息		
实收资本		1 500 000.00
资本公积		23 550.40
盈余公积		87 765.00
本年利润		749 321.68
利润分配		125 000.00
生产成本	195 165.20	
制造费用		
主营业务收入		
其他业务收入		
主营业务成本		
税金及附加		
其他业务成本		
销售费用		
管理费用		
财务费用		
营业外支出		
所得税费用		
合　计	2 979 623.37	2 979 623.37

5.2.2　本期发生额试算平衡表

单位:元

科目	借方	贷方
库存现金	40 040.00	3 950.00
银行存款	1 478 016.00	1 285 061.29
应收账款	497 980.00	56 000.00
预付账款	7 800.00	1 100.00
其他应收款	1 620.00	1 500.00

续表

科目	借方	贷方
其他应收款	1 620.00	1 500.00
坏账准备		
在途物资	961 000.00	961 000.00
原材料	961 000.00	378 202.00
库存商品	618 540.00	740 499.44
固定资产	8 000.00	
累计折旧		3 600.00
短期借款		500 000.00
应付账款	469 000.00	469 920.00
应付职工薪酬	77 860.00	88 327.20
应交税费	177 947.29	226 731.94
应付利息		2 204.17
应付股利		78 471.03
预收账款	371 400.00	300 000.00
实收资本		300 000.00
资本公积		
盈余公积		15 694.21
本年利润	1 025 720.00	1 025 720.00
利润分配	188 330.48	251 107.29
生产成本	423 374.80	618 540.00
制造费用	17 707.40	17 707.40
主营业务收入	997 600.00	997 600.00
其他业务收入	28 000.00	28 000.00
主营业务成本	740 499.44	740 499.44
税金及附加	1 105.92	1 105.92
其他业务成本	25 100.00	25 100.00
销售费用	3 180.00	3 180.00
管理费用	34 324.40	34 324.40
财务费用	2 254.17	2 254.17
营业外支出	10 000.00	10 000.00
营业外收入	120.00	120.00
所得税费用	52 314.02	52 314.02
合 计	9 219 833.92	9 219 833.92

5.2.3 期末余额试算平衡表

单位:元

科目	借方	贷方
库存现金	36 690.00	
银行存款	867 578.88	
应收账款	497 980.00	
预付账款	7 800.00	
其他应收款	120.00	
坏账准备		2 000.00
在途物资		
原材料	734 332.00	
库存商品	378 640.56	
固定资产	1 408 000.00	
累计折旧		133 200.00
短期借款		500 000.00
应付账款		329 635.00
应付职工薪酬		30 287.20
应交税费		62 635.94
应付利息		2 204.17
应付股利		78 471.03
预收账款	71 400.00	
实收资本		1 800 000.00
资本公积		23 550.40
盈余公积		103 459.21
本年利润		749 321.68
利润分配		187 776.81
生产成本		
制造费用		
主营业务收入		
其他业务收入		
主营业务成本		
税金及附加		
其他业务成本		

续表

科目	借方	贷方
销售费用		
管理费用		
财务费用		
营业外支出		
营业外收入		
所得税		
合　计	4 002 541.44	4 002 541.44

5.3　会计报表参考答案

5.3.1　资产负债表

资产负债表

编制单位:南京博翔实业有限公司　　　　2017 年 12 月 31 日　　　　　　　　　单位:元

资产	行次	期末余额	年初余额	负债和股东权益	行次	期末余额	年初余额
流动资产:				流动负债:			
货币资金	1	904 268.88		短期借款	31	500 000.00	
短期投资	2			应付票据	32		
应收票据	3			应付账款	33	329 635.00	
应收账款	4	567 380.00		预收账款	34		
预付账款	5	7 800.00		应付职工薪酬	35	30 287.20	
应收股利	6			应交税费	36	62 635.94	
应收利息	7			应付利息	37	2 204.17	
其他应收款	8	120.00		应付股利	38	78 471.03	
存货	9	1 112 972.56		其他应付款	39		
其中:原材料	10	734 332.00		其他流动负债	40		
在产品	11			流动负债合计	41	1 003 233.34	
库存商品	12	378 640.56		非流动负债:			
周转材料	13			长期借款	42		
其他流动资产	14			长期应付款	43		
流动资产合计	15	2 592 541.44		递延收益	44		
非流动资产:				其他非流动负债	45		
长期债券投资	16			非流动负债合计	46		

续表

资产	行次	期末余额	年初余额	负债和股东权益	行次	期末余额	年初余额
长期股权投资	17			负债合计	47	1 003 233.34	
固定资产原价	18	1 408 000.00					
减:累计折旧	19	133 200.00					
固定资产账面价值	20	1 274 800.00					
在建工程	21						
工程物资	22						
固定资产清理	23						
生产性生物资产	24			所有者权益:			
无形资产	25			实收资本	48	1 800 000.00	
开发支出	26			资本公积	49	23 550.40	
长期待摊费用	27			盈余公积	50	103 459.21	
其他非流动资产	28			未分配利润	51	937 098.49	
非流动资产合计	29	1 274 800.00		所有者权益合计	52	2 864 108.10	
资产总计	30	3 867 341.44		负债和所有者权益总计	53	3 867 341.44	

5.3.2 利润表

利润表

编制单位:南京博翔实业有限公司　　　　2017年12月　　　　　　　　　　　　单位:元

项　目	本期金额	本年累计
一、营业收入	1 025 600.00	
减:营业成本	765 599.44	
税金及附加	1 105.92	
销售费用	3 180.00	
管理费用	34 324.40	
财务费用	2 254.17	
资产减值损失		
加:公允价值变动收益(损失以"-"号填列)		
投资收益(损失以"-"号填列)		
其中:对联营企业和合营企业的投资收益		
二、营业利润(亏损以"-"号填列)	219 316.07	
加:营业外收入	120.00	

续表

项　　目	本期金额	本年累计
减：营业外支出	10 000.00	
其中：非流动资产处置损失		
三、利润总额（亏损总额以"-"号填列）	209 256.07	
减：所得税费用	52 314.02	
四、净利润（净亏损以"-"号填列）	156 942.05	
五、每股收益：		
（一）基本每股收益		
（二）稀释每股收益		

参 考 文 献

[1] 白宁，妥晓芬，黄占银. 基础会计实训 [M]. 西安：西安交通大学出版社，2016.

[2] 曹琳. 关于基础会计教学内容重构及教学方法探讨 [J]. 财会学习，2017 (6)：219-219.

[3] 陈丽. 应用型人才培养模式下基础会计学实践教学的思考 [J]. 学园，2017 (12).

[4] 陈淑女. 对会计教学与实训对接的几点思考 [J]. 速读旬刊，2017 (2).

[5] 陈真子. 基础会计实训 [M]. 2版. 北京：中国人民大学出版社，2015.

[6] 胡颖. 基础会计实训模块的教学设计和教学评价 [J]. 中国轻工教育，2010 (6)：93-95.

[7] 孔亚平. 基础会计实训教学改革探讨 [J]. 合作经济与科技，2014 (21)：140-141.

[8] 廖敏霞. 技能型会计专业人才培养的实训体系构建研究与实践 [J]. 职教论坛，2017 (23)：58-62.

[9] 王荣. 浅谈基础会计实践课程的教学方法 [J]. 当代教育实践与教学研究：电子刊，2017 (2).

[10] 王新秀. 应用型本科院校基础会计模拟实习教学的探讨 [J]. 财经界（学术版），2017 (2).

[11] 许蓉.《基础会计实训》课程教学改革研究 [J]. 商情，2017 (24).

[12] 薛琳. 基础会计实训教学方法之我见 [J]. 商，2015 (4)：150-150.

[13] 姚兰. 关于会计手工账实训课程的教学思考 [J]. 财讯，2017 (11).

[14] 张建清，王智慧. 基础会计实训 [M]. 2版. 上海：立信会计出版社，2015.

[15] 张倩. 就业导向下的会计实训教学模式研究 [J]. 经济师，2018 (2).

[16] 周丽华，张婉婷. 基础会计实训教材 [M]. 北京：北京理工大学出版社，2013.